# Ali und die Terrorpiloten

**Roman**

Jörg Bade

FSC
www.fsc.org
MIX
Papier aus verantwortungsvollen Quellen
Paper from responsible sources
FSC® C105338

Bibliografische Information der Deutschen Nationalbibliothek: Die Deutsche Nationalbibliothek verzeichnet diese Publikation in der Deutschen Nationalbibliografie; detaillierte bibliografische Daten sind im Internet über dnb.dnb.de abrufbar.



Coverdesign Udo Bade

Verlag Hoffnungsvogel Dr. Jörg Bade, Vorlaenderstr. 19, 32425 Minden, www.hoffnungsvogel.de

Herstellung: BoD - Books on Demand, Norderstedt

ISBN 978 – 3- 949477-02-7

## Kapitelübersicht

## Kapitel 1 Ein merkwürdiger Wettbewerb

„Damit die Spielregeln klar sind: Wir suchen Helden. Es kann natürlich auch eine Heldin sein. Auf jeden Fall soll unser Treppchen in drei Wochen besetzt sein."

Respekt, Herr Lessing. Wieder dem Klingeln zuvorgekommen. Die letzten Sätze noch richtig zelebriert. Na ja, so ein bisschen Show gehört einfach dazu. Aber ehrlich gesagt - um zwanzig vor drei ist das auch das Höchste der Gefühle.

„Na, Jens. Haste auch schon ´nen Plan für Lessings Wettbewerb? Ich weiß nicht, was der Käse soll. In zwei Monaten ist Zwischenprüfung. Jetzt noch so ´n Kram."

„Mach doch keinen Stress. Ist eigentlich `ne gute Idee. Wir packen den Klitschkos eine Krone auf den Schädel. Und eine kriegt Mutter Theresa ab."

„Wo spielt die denn? Ich kenne keine Mutter Theresa. Ich nehme an, dass das nicht deine verehrte Ma ist?"

„Nie gehört, Mario? Das war so eine Art Heilige. Die hat in Indien Arme gepflegt und voll einen auf kirchlich-sozial gemacht. Ich glaube, in Kalkutta hauptsächlich. Sogar Lady Diana hat die besucht, um zu gucken, was es außer Klunker und Glamour noch so gibt."

„Mutter Theresa und die Klitschkos. Hört sich gut an. Aber meinste, für Boxen und Milchschnitten gibt es Heldenehrungen?"

„Weißt du was, Mario? Der Lessing hat dich schon gewonnen. Du bist voll am Thema dran. Das will der doch nur! Du gehst dem echt auf den Leim. Aber glaubst du, dass die vom Scholl nebenan da mitmachen? Wahrscheinlich haben die dann nur Einstein und Newton, Bach und Goethe im Programm. Glaubst du, dass die mit uns so eine Kiste zusammen machen? Und wenn wir die einzige Klasse sind, wem nutzt das was? Dann können wir das gleich unter uns ausmachen. Dann kommt da doch kein Schwung rein."

Da kommt er ja. Sebastian hätte ich da bei meinem Text zum Scholl vielleicht ausnehmen sollen. Der ist ganz okay. Wenn ich den sehe, denke ich, da drüben laufen auch ein paar vernünftige Leute rum. Langsam vergesse ich das schon. Ich habe so ein Gymnasium ja auch mal von innen gesehen. Bis das Elend mit Mama und Papa losging. Und so zwei Jahre eigentlich an mir vorbeigezogen sind. Als gehörte ich nicht dazu. Bis ich wirklich nicht mehr dazugehörte.

„Na, Bassie, habt ihr etwa auch schon über diesen Heldenwettbewerb gesprochen. Bist du da mit dabei? Wäre ja ´ne fähige Geschichte!"

„Komm, hör auf. Unser Schmidtchen und euer Deutsch-Fritze, die kennen sich. Die sind doch Bolzkumpel oder so. Unser Schmidtchen will da auch mitmachen. Keine Ahnung, was das soll! Dass die so vom Krieg schwärmen wollen: Schütze zieht Schützen aus dem Graben für Adolf. Hans rettet Walter aus dem russischen Kugelhagel. `Helden für Deutschland in Not oder so´. Das glaube ich nicht. Die haben ja keinen an der Mütze. Helden - ja, davon hat er was gesagt. In eurer Aula soll da ´ne Art Preisverleihung sein. Hat sogar wie der große Sponsor verkündet, dass wir da seine Stunden `reingeben´ könnten. Was immer das genau heißen soll."

„Machen eure Jungs und Mädels denn da überhaupt mit? In unseren schäbigen Hallen? Manche von euren Leuten halten uns doch für Primaten."

„Jens, Klappe dicht. Lass uns lieber einen chillen. Haste endlich mal ´nen vernünftiges Kraut auf Lager? Irgendwie kapierst du das auch noch. Und – Angeber gibt´s überall. Nicht nur bei uns."

Und ich denke: Irgendwann merkt Bassi das auch noch. Dass Kiffen es nicht bringt. Hoffentlich! Mich nervt das Zeug. Ich ertrage schon den Gedanken nicht, ich brauche immer irgendein Zeug zum Abhängen. So armselig will ich nicht sein. Dass irgendein Zeug mich glücklich machen soll? Finde ich so was von hohl. Irgendwann, Bassie, kann ich dir das vielleicht endlich mal verklickern.

„Ist das nicht aber wirklich einer von euren Affen?"

„Meinst du, Bassie, den Typ da, der gerade vom Rad steigt, als wenn das 'ne 750er Yamaha wäre? Der ist okay. Das ist Mehmed. Auch 'nen Metaller. In meiner Klasse. Kennst du den nicht? Der boxt. Und zwar nicht schlecht. Ich habe schon mal im Boxschuppen zugeguckt. Der hat's drauf. Hat schon einige Jugendkämpfe gewonnen."

„Sport ist Mord. Soll dein Mehmed meinetwegen boxen. Und mach du nur du deinen Handball", gab sich Sebastian großzügig. „Haste wirklich nichts zu rauchen?"

Gehört hatte er uns wohl nicht. Doch er, Mehmed, kam geradewegs auf uns zu.

„Grüß' dich, Jens. Willste 'ne Fluppe?"

„Quatsch, verträgt sich nicht mit meinem Yoga. Ne, du weißt schon. Ich mag das Zeug nicht. Aber der hier ist so ein Qualmer und Stinker."

Mehmed drehte sich zu Sebastian. Entdeckte zwischen blonden Strähnen und braunem Käppi müde Augen, die sich überrascht aufhellten.

„Klar nehme ich eine. Nur Tabak und die übliche Nikotinbeimischung, nehme ich an."

„Logisch. Eine am Tag habe ich gut. Sagt Ossie. Mache ich auch", versicherte Mehmed.

„Ossie?"

„Ossie ist mein Boxtrainer. War früher mal bei Olympia für dieses andere Alemania."

„Für die DDR meinst du?", fragte Sebastian nach.

„Genau. Das wisst ihr Weißgesichter ja besser. DDR. Hat er gesagt. Aber der heißt wirklich Oswald. Alle sagen Ossie. Gar nicht, weil er aus dem Osten ist."

„Du boxt hier in Darten?"

„Komme ich gerade her. Vom Boxstall", erklärte Mehmed, obwohl seine Kluft das nicht vermuten ließ.

„Deshalb warst du gerade in Deutsch nicht da. Haste blau gemacht?", versuchte ich ohne Vorwurf nachzuhaken.

„Keine Spur, Jens. Die Zeiten sind vorbei. Ich bin ein braver Junge. Habe den Lessing richtig korrekt gefragt. Gesagt, dass die Zeitung kommt. Die haben wirklich ein Foto gemacht. Von mir. Mehmed kommt groß raus. Sagt Ossie."

Dabei lachte Mehmed und zündete Bassie und sich eine Zigarette an. Ob das nun eine deutsche, englische oder so eine türkische Fabrikation war, interessierte Bassie jedenfalls nicht. Er guckte nicht einmal nach der Schachtel. Hauptsache, er hatte wieder einen Glimmstängel in der Hand.

„Dann hat Lessing dir dafür frei gegeben. Hätte ich nicht gedacht."

„Der war sogar schon mal bei einem Kampf dabei. Der hat auch ein bisschen Plan vom Boxen. Für so ´nen alten Herrn ganz ordentlich", gab Mehmed nach dem nächsten Ausatmen zum Besten.

„Weißt du denn schon, was der Lessing vorhat? Wir sollen so einen Heldenwettkampf veranstalten?"

Eigentlich dachte ich nicht, dass Mehmed das schon mitbekommen hatte. Aber manchmal können einen selbst Lehrer und Mitschüler überraschen.

„Echt komisch. Er meinte, ich sollte da mal mitmachen. Weiß nicht, was er damit gemeint hat. Quatschte was von Klitschko."

„Hat der wirklich Klitschko gesagt? Die fielen mir auch gerade ein. Die sind Topleute im Ring und nicht doof im Kopf. Wären doch Helden für dich, oder?"

„Solange die nicht in die Türkei oder Afghanistan einmarschieren. Ach nein, die sind ja aus der Ukraine. Gar keine Russen. Die sind okay. Echt stark im Ring. Finde ich auch. Ossie sagt, er hat schon von beiden, von Vitali und von Wladimir einen Kampf live gesehen."

„Ich stelle fest: Lessing wirkt. Wir reden über seine Aktion. Das ist doch schon die halbe Miete."

Bassie wollte die Gelegenheit nicht verpassen, Mehmed nun noch ein wenig auf den Zahn zu fühlen.

„Wenn du jetzt schon für die Zeitung fotografiert wirst. Vielleicht willst du ja selbst auf das Treppchen? Vielleicht machst du unseren Helden. Muss doch nicht sein, dass irgend so ein Hobbychemiker von unserer Schule da auf dem Treppchen landet. Der kriegt doch sowieso seinen Preis bei `Jugend forscht´ oder holt sich sonst einen Orden."

„Ne", meldete Mehmed entschlossen zurück. „Auch wenn der Lessing mir nicht alles in der Pause erklärt hat. Der meint da mehr. Der will Vorbilder oder solche Leute. Mehmed, König von Knock-Out, gehört da nicht hin. Vielleicht Ossie."

Wahrscheinlich guckte ich etwas verdaddert, weil ich mich gerade an den zu erinnern versuchte, der wohl Ossie gewesen sein muss, mir eben so einen fleischig-speckigen Männerhintern von Mitte, Ende fünfzig vorstellte, der so zur Hälfte, aber so gar nicht elegant aus einer zu tief sitzenden Trainingshose herausquoll. Da kam Mehmed mir entgegen:

„Das war ein Scherz. Ossie ist klasse, aber nicht Muhamed."

Nun ging Bassies Test in die nächste Runde.

„Muhamed? Du bist Moslem?"

„Klar. Aber um es gleich zu sagen: Ich habe nicht New York angegriffen und Bin Laden ist nicht mein Kollege, okay?!"

„Langsam, langsam! Großzügige Gabe, sag ich erst mal, sowieso! Ich wollte dich doch nicht nerven."

„Weißt du! Ich kann den Scheiß nicht mehr hören. Bist du Türke? Musst du Frau schlagen. Bist du Moslem? Musst du langen Bart tragen und Flugzeuge in Türme fliegen. Dieser Mist, ich kann den nicht mehr hören. Bist du Deutscher? Dann musst du Juden umbringen und Samstag Auto waschen."

„Komm, Mehmed. Das ist unsere Friedenszigarette. Du hast ja Recht. Mich nervt so ein Zeugs auch. Kannte dich ja nicht. Danke für die Zigarette. Wir sehen uns dann ja vielleicht bei dem Wettbewerb."

Irgendwie verstand ich Bassie in dem Moment. Er wollte das wissen: Was meint Mehmed wohl zu `Nine-Eleven´? Und ich bin nun auch schlauer: Der Mehmed hat´s drauf. Der weiß, was er will. Wohl nicht nur beim Boxen.

Oh, die Ladies haben auch Schluss. Das ist das Schöne an so ´ner Berufsschule. Nur die Jungs, und du würdest doch langsam eingehen. Letztes Schuljahr hat ein Mädel es sogar in unserer Klasse bei den Metallern ausgehalten. Und der Abraham sucht natürlich auch schon das Weite. Nach der achten Stunde ist eben immer Flucht angesagt.

Aus einem richtig süßen Mund sprudelte es hervor: „Herr Abraham. Wie stellen Sie sich das vor? Soll ich jetzt sagen: Pink ist klasse. Wie die singt. Und wie die Bush die Meinung gesagt, ne, richtig toll gesungen hat."

„Super, Fatimah. Genau darum geht es. Du erzählst von Pink. Bring meinetwegen ein Poster mit. Was du willst. Wir hören in einen Song. Wenn sich das lohnt."

„Aber wenn das alle machen? Manche schreien Hilfe, wenn sie Pink hören."

„Aber du doch nicht. Wie wir die Siegerehrung machen, weiß ich auch noch nicht. Wir werden vielleicht abstimmen müssen. Wir sind ja auch nicht die Einzigen."

Da spätestens war klar, dass die Sache Kreise gezogen hat. Die hatten sich ernsthaft abgesprochen. Lessing, Abraham, Schmidtchen, wie Bassie zu sagen pflegt, Leute vom Scholl nebenan und wer weiß noch alles. Doch dann trennten sich die Wege. Der Abraham - bei dem Namen kein Wunder, dass der Mathe und Religion machte. Der Abraham stieg in seine alte Karre. Ich wollte weiter zum Fahrradständer. Da war die Chance da. Auch wenn ich die Kleine neben ihr nicht kannte. Die hatte sich am Gespräch mit Abraham auch gar nicht beteiligt. Sie aber. Sie, der Pink-Fan.

„Seid ihr etwa auch bei dieser Heldensuche dabei? Beim Abraham?"

„Meinst du, das ist nur was für Boys?"

„Ne, das nicht. Aber ich wusste nicht, wer mitmacht."

„Bist du nicht bei den Metall-Jungs? Also seid ihr auch dabei?"

Oh, lala. Sie weiß sogar, in was für ´ne Klasse ich gehe. Okay, ob Zerspaner, Konstrukteure, Industriemechaniker - das wird sie nicht wissen. Aber sie muss mich wohl schon mal gesehen haben auf unserem Stockwerk. Nicht schlecht. Ich bin ein Metall-Junge.

„Und du. Du bist nicht bei den Metallern."

„Niemals nicht. Ich bin in der Hauswirtschaft. Wie so ´n Mädchen. Aber ich will zu den Hotelleuten wechseln. Wenn ich eine Stelle kriege."

Neugierig verfolgte die ebenso Dunkelhaarige neben ihr unser kleines Gespräch.

„Fati, komm, wir müssen Bus kriegen."

„Dann mal tschüss. Vielleicht sehen wir uns ja bei Abraham oder Lessing. Fände ich schön."

Habe ich das wirklich gesagt? Erst ein paar Sekunden gesprochen miteinander. Ich kenne die doch gar nicht. Obwohl sie wirklich Zucker aussieht. Ich habe das aber gesagt. Ich.

„Schön. Ja. Der Bus kommt. Ich heiße Fatimah. Ciao."

Ciao. Ist die Italienerin? Aber die Kleine neben ihr trug ein Tuch. Dann ist sie eher aus der Türkei. Was habe ich da gemacht? Die darf vielleicht gar nicht mit so einem Blondie wie mir reden. Kriegt die jetzt Ärger? Oder ich mit ihrem Bruder? Bestimmt hat die auch schon einen Freund. Oder ist ihrem Cousin aus Anatolien versprochen. Mann, so süß ist die, aber einen auf die Klappe kriegen will ich nicht.

He, die winkt. Sie winkt. Aus dem Bus. Wohin fährt der? Mist, muss ich das nächste Mal vorne drauf gucken. Fatimah. Klingt wie aus ´nem Märchen, wie aus Tausendundeiner Nacht. Sie hat gewunken. Aber lieber nicht weiter drüber nachdenken. Mit Jenny das hat mir schon gereicht. Nicht gleich ein neuer Stress.

Zuhause muss ich mal wieder nachpumpen. Vor allem hinten. Was haben die beim CineMax im Schaukasten? Der letzte Bond noch mal. Ach ja, der mit Craig und der Russin. Da könnte ich auch rein. Vielleicht kommt Bassie mit.

Helden. Genau. Bond. Das ist so einer. Sean Connery rettet den armen Westen vor den bösen Russen. Roger Moore rettet die Welt. Jetzt der Craig. Immer das Gleiche. Der Gute schmuggelt sich bei den Bösen ein, die die Welt beherrschen oder vernichten wollen. Er wird entdeckt. Es knallt. Action satt, besonders zum Finale. Ist die Frau im Bett neben Bond nun Spionin oder Verbündete? Am Ende gewinnt Bond. James rettet mal wieder die Welt.

Genau. Ein Held muss immer gewinnen. Vorher muss er was riskiert haben. Ist das Girl an seiner Seite nun auch eine Heldin? Oder nur schöner Schmuck? Oder Beute von Connery oder Craig? Hollywoods Fleischbeilage oder mehr?

`Oder eine Heldin´. Hat Lessing gesagt.

Da ist der neue „Kicker". Den hole ich mir.

„Einen Kicker bitte."

„Ist der letzte. War heute viel los. Glück gehabt", gratulierte der zerknitterte Typ mit dem schütteren Haar mir, der aber immer so wirkt, als wenn er seinen Traumjob macht.

„Können Sie wechseln? Ich habe nur einen Zwanziger."

„Das werde ich gerade noch schaffen."

„Danke. Guten Montag noch."

Titan zu Schalke? Sagt King Kahn Bayern Bye Bye? Bald bei 04? Oder mehr im Fernsehen? Kahn geht nach Asien? Kahn als Hoeneß-Nachfolger? Kahn als Held? Auch wenn er Klose fast die Torwarthandschuhe in die Nasenlöcher gezwängt hat? Wenn er Stürmer wirklich eingeschüchtert und auf dem Platz bedroht hat? Wenn er den Rambo und das rasende Adrenalinmonster gespielt hat? Kahn für Lessing? Ne. Super-Keeper ja. Aber doch kein Held. Vorbild vielleicht. Geht immer mit nach vorne, wenn noch in der letzten Minute was gerettet werden muss. Das fand ich genial an ihm. Bei Bayern gegen Getafe, war das, glaube ich. Hielt doch so, dass die Engländer ihm in der Premier League immer noch einen Teppich ausrollen würden. Was die bestimmt für Kahn auch mit 40 noch machen würden. Stark, der Kahn. Auch wie er Lehmann vor dem Elfmeterschießen bei der WM alles Gute gewünscht hat. Aber ein Held? Vorbild für vollen Einsatz. Auf jeden Fall. Mehr nicht.

Ich merke schon. Die Sache hat was. Helden werden gesucht. Glückwunsch, Herr Lessing! Ich bin dabei. Mein Hirn rattert gerade für Ihre Aktion, Herr Lessing.

Ob Fati weit fahren muss? Ob ich da noch mit dem Fahrrad hinkäme? Quatsch, Jens. Das ist nichts für dich. Da ist nichts. Fatimah, irgendwie habe ich den Namen schon öfters gehört. Und wenn doch – in ein paar Monaten, am besten: Wochen - habe ich den Führerschein. Will ich hoffen.

Mensch, nicht mal klingeln muss ich. Opa wartet wieder auf mich. Hat den Türöffner schon gedrückt. Und es duftet im zweiten Stock. Mehr als in der ersten Etage. Da hängt noch ein ziemlich widerlicher Kellermief in der Luft. Aber bei Opa wird die Luft schon besser.

„Opa. Hallo! Finde ich klasse, dass ich wieder bei dir essen kann."

„Hallo Jens. Zu irgendwas muss so ein alter Hering ja noch gut sein. Habe heute Bratwurst und Kartoffeln gemacht. Den Salat musst Du ja nicht unbedingt vertilgen. Ist alles fertig. Setz′ dich einfach und iss. An den langen Tagen hast du doch immer Kohldampf. Das war bei mir früher auch so."

Gleich wird er nach dem Servieren seine Schürze fast dramatisch abbinden. Die wir ihm zu seinem - warte - Vierundsiebzigsten geschenkt haben. Eigentlich klasse, wenn der Opa nur ein paar Straßen weiter wohnt. In das Kochen hat er sich so richtig reingefuchst. Nach Omas Tod hat er ein Jahr nur das Nötigste gesprochen. Keiner kam wirklich an ihn ran. Dann hat er das Kochen angefangen. Bei der Volkshochschule. Erst haben wir den Kopf geschüttelt. Aber Respekt, starker Opa! Hat bei einer Profifrau das Kochen gelernt. Nur weil der Knebel im Radio für die Volkshochschule geworben hat. Opa hat′s ernst genommen. Programmheft besorgt und gekocht. Ich glaube, Opa hat mit ′nem Spiegelei angefangen. Jetzt kriegt er schon bestimmt einen Stern. Für seinen Auflauf letzte Woche hätte ich ihm glatt zwei Sterne gegeben.

„Die Bratwurst ist vom Fleischer. Die Sauce hat vielleicht ein bisschen viel Senf abgekriegt. Ich hoffe, es schmeckt dir."

„Auf jeden Fall... Die Sauce ist gut."

„Wie lange hast du jetzt noch bis zur Zwischenprüfung? Muss doch bald sein?"

„Wird noch kurz vor den Sommerferien sein. Keine Angst. Ich tue schon was. Praxis klappt ganz gut. Mache auch bald im Handwerkszentrum einen richtigen Schweiß-Kursus. Zusätzlich. Wenn ich achtzehn bin. Das wird dir doch gefallen, oder?"

„Kannst du immer brauchen. Außerdem macht das Spaß. Auch wenn ich von euren neuen Materialien keine Ahnung mehr habe."

„Opa, sag' mal. Was ist eigentlich für dich ein Held?"

„Schwere Frage, nächste Frage. Wenn du jetzt denkst, ich komme da mit dem Krieg. Jüngelchen, dafür bin ich zu jung. Ich gehöre zu den weißen Jahrgängen."

„Weiße Jahrgänge? Blass und hungrig nach dem Krieg oder was?", fragte ich wohl ziemlich ahnungslos.

„Das waren die Jahrgänge, die zwischen dem Zweiten Weltkrieg und der Einführung der Bundeswehr nicht Soldat werden mussten. 55 kam die Bundeswehr wieder. Neunzehnhundertfünfundfünfzig."

„Du hast also nicht für Hitler gekämpft?"

„Nein, aber ich hätte das bestimmt auch, wenn ich ein paar Jahre älter gewesen wäre. Ich glaube, ich wäre kein Held gewesen. Je älter ich werde, desto größere Probleme habe ich sowieso mit `Helden´. Aber da war einer, der hat mich beeindruckt."

„Erzähl! Bin ganz Ohr. Und deine Wurst ist gut."

„Also da war so eine Art Kinderstunde, nachmittags in der Schule. Organisiert von der Hitler-Jugend. Da bin ich hingegangen. Singen. Im Sommer wandern. Spiele aller Art. Habe ich einige Monate gemacht. Da lässt einer der Jugendlichen in

Uniform einen Jungen antreten. `Du warst drei Wochen nicht da. Warum kommst du eigentlich nicht regelmäßig?´ In dem Moment denke ich auch. Das geht doch wirklich nicht, was der Junge macht, der hieß Siegfried. Das weiß ich noch. Da antwortet der Junge, der Siegfried: `Ich musste für meine Mutter kochen, die ist krank. Die will auch gar nicht, dass ich hierhin komme...´ Als hätte er gemerkt, dass er da gerade seiner Mutter unter Umständen ein ziemliches Problem gemacht hat, sagt er schnell hinterher: `Denke ich manchmal. Weil sie krank ist.´ Der Jugendliche baute sich auf vor Siegfried, knallte ihm richtig eine auf die rechte Gesichtsseite und fauchte uns an: `Damit das klar ist. Hier herrscht Klarheit und Ordnung. Richtige Jungs kommen immer. Und das Kochen - machen die Frauen.´ Siegfried aber kam nicht wieder. Später erfuhr ich, dass sein Vater als Kommunist abgeholt und seine Mutter darüber krank geworden war. Vielleicht war Klein-Siegfried damals ein Held. Ich glaube, ich war keiner. Die ein paar Jahre älter als ich waren, wurden dann Ende 1944 und in den letzten Kriegsmonaten noch in eine Uniform gesteckt und mussten Kanonenfutter abgeben."

„Das habe ich in so einem Spielfilm mit einem Kampf an einer Brücke gesehen. `Kindergarden´ haben die Amis da den deutschen Fünfzehnjährigen über die Linien rüber gerufen."

„Genau. Eine Heldin habe ich vielleicht einmal gesehen. Damals so alt wie deine Mama heute. Da wurde eine Kolonne von Gefangenen die Straße lang geführt. Das war wohl der Weg in eines der Stammlager in unserer Gegend. Die Leute sahen alle aus wie abgerissene, blasse, heruntergekommene russische Soldaten. Fast alles junge Leute. Vielleicht waren das auch Zwangsarbeiter. Ich habe das später nicht rausgekriegt. Die zogen ihren Weg. Bewacher dabei. Und da steht diese Frau am Straßenrand. Immer, wenn sie denkt, die Wachen sehen sie nicht, gibt sie einen Apfel an den Gefangenen, der gerade an ihrer Straßenseite vorbeizieht. So viel wusste ich damals in dem Augenblick: Wenn die deutschen Soldaten das merken, ist sie reif. Wofür und warum auch immer. Sie hat es gemacht. Ich habe natürlich nichts gesagt. Ich habe nur neugierig gestaunt. Als ich die Frau ein paar Tage später sah, habe ich meinen Mut zusammengenommen und sie gefragt: `Warum haben Sie den dreckigen Männern zu essen gegeben?´ Erst schaute sie mich an, als könnte ich nicht mehr allzu kleiner Knirps schon der Gestapo zuarbeiten. Aber dann antwortete sie: `Weil mein Sohn in Stalingrad sein soll, und ich hoffe, er hat dort Menschen, die ihm auch helfen.´ Das, denke ich jetzt im Alter, könnte eine Heldin gewesen sein. Ich habe damals zu Hause erst einmal meinen Opa gefragt, was Stalingrad ist. Mein Opa hat mir da nicht viel gesagt. Das war ein zu heißes Eisen."

„Weißt Du ihren Namen?"

„Nein. Nicht alle Helden werden berühmt. Diese Heldin auch nicht. Ehrlich gesagt. Die ganzen so genannten „Großen" in der Geschichte kann ich jedenfalls nicht bewundern. Da klebt fast immer zu viel Blut an ihren Händen. Karl der Große. Alexander der Große. Friedrich der Große."

Opa hat´s drauf. Kein Held. Aber er hat was zu sagen. Jetzt hat er auch nicht raushängen lassen, dass er im Sportverein noch so einiges macht und ´ne Betreuung für einen alten Nachbarn am Hacken hat. Dem füllt er Papiere aus. Guckt Kontoauszüge und Rechnungen durch. Obwohl der Mann manchmal ganz schön kiebig wird. Habe ich vor ein paar Wochen mitbekommen. Opa macht das trotzdem.

„Danke, Opa. Es war schön bei dir. Übrigens. In der Penne sprechen wir auch gerade über Helden. Werde dir davon erzählen. Muss gerade noch nach Hause, und Training ist heute früher als sonst. Bis..."

„Ich hoffe, bis Freitag. Das wäre ja wieder unser Tag. Tschüss, Jens."

Eine Heldin am Wegesrand, die Gefangenen Äpfel zuwirft. Ein Junge, der nicht mehr mitspielt bei den Hitler-Jungs. Opa selbst.

Auf jeden Fall geht es mir auf den Keks, dass immer nur von den Gangstern erzählt wird. Oder von den Typen, die Mädchen in die Büsche ziehen. Dieser Scheiß-Ösi-Opi da steckt seine Tochter in den Keller, zwingt seine eigene Tochter ins Bett, hält die wie eine Gefangene, zeugt Kinder, ist der Vater, ist der Opa, ist ein Monster bei der Kinderzucht, wird entdeckt, keiner hat's gewusst, das Land schreit, die Welt schüttelt den Kopf über Österreich, obwohl es in der Nachbarstraße hier genauso sein könnte, und das alte Dreckschwein will ein Buch über sein Monsterleben schreiben. Monster werden entdeckt. Monster kommen vor Gericht. Monster kommen in den Knast. Und Monster machen Karriere als Amateur-Schreiber. Kriegen dann Freigang für die Talkshow. Irgendwann sehen wir sie dann im Dschungel-Camp. Und wer denkt an die Opfer? Riesenaufwand für die Monster. Armes Würstchen und so. Dann wird das arme Würstchen erzählen, dass seine Mama auch so böse zu ihm war. Dass Papa dann weg war oder nach drei Kisten Bier immer den Ledergürtel rausgeholt hat. Armes Würstchen konnte nicht anders.

Ich kann dieses Ich-konnte-ja-nicht-anders-Gejammere nicht mehr hören. Als Mama es mit Papas Bräuten nicht mehr ausgehalten hat, es nach dem großen Heulen noch ein Jahr immer wieder geknallt hat bei uns. Bis irgendwann so eine Stille eingekehrt ist. Da hätte ich mich auch vergraben können. Eltern auseinander. Terror pur im eigenen Haus. Oder ich hätte explodieren können.

Da lobe ich mir Helden. Heldinnen. Die nicht nur jammern. Ich kann diese Jammerlappen nicht mehr ansehen. Manchmal denke ich, wir sind alle ein paar elende Jammerlappen.

Scheiße. Was machen die da? Haben die den umgehauen? Jetzt hau´n se ab. Erst umhauen und dann abhauen. Das war drei auf einen. Soll ich da hinterher? Mit meinem Rad? Mist. Erst mal zu dem Typ. He, der da rechts. War das Ali? Hoffentlich nicht. Ne, ich kriege doch nicht alle drei. Erst mal zu dem Typ.

Mann, Mann. Der Typ liegt da so. Erst mal das Rad abstellen. Jetzt rührt er sich wieder. Zum Glück.

„He, bist du okay?"

„Ist genug jetzt", fauchte der Kerl, den ich nicht kannte. Auf den ersten Blick war es auch nur eine blutige Nase, die auffiel. Und nur sein Hemd sah aus, als hätte er einen bunten Putzlappen halb über den Bauch geschwungen.

„Ich wollte nur helfen. Ich gehöre nicht zu denen", stellte ich klar.

„Die haben mir einen verpasst, weil ich mein Handy nicht rausrücken wollte. Nutzt ja sowieso nichts."

„Komm erst mal langsam hoch. Hast du Kopfschmerzen", versuchte ich so ein paar nützliche Erinnerungen an meinen Kurs beim Roten Kreuz aus meinen grauen Zellen hervorzukramen.

„Geht schon. Ich habe ein paar in den Magen gekriegt. Ein paar ins Gesicht. Scheiß-Türken waren das. So´n Dreckzeug jedenfalls."

„Kann sein, dass ich einen kannte. Bin mir aber nicht sicher."

„Gerade hast du gesagt, du gehörst nicht zu denen."

„Nein, vielleicht ist der eine aus meiner Penne. Berufsschule und so. Die waren aber zu schnell weg. Ich werde den ansprechen. Kannst du dich drauf verlassen."

„Ansprechen? Ich mache eine Anzeige. Kenne ich nichts. Auch wenn die Bullen da wieder nichts rauskriegen."

„Mach das. Aufgeben gilt nicht. Finde ich auch. Meine Adresse gebe ich dir. Oder soll ich auch mit zur Polizei? Ich habe die letzten Schubser und Schläge gesehen. Nicht alles. Nicht, wie sie dein Handy genommen haben."

„Das finde ich echt fähig von dir. Wie heißt du denn?"

„Jens. Klar komme ich mit. Wenn es nicht zu lange dauert. Wollte noch zum Handballtraining."

„Und ich heiße Dennis. Wohne hier in der Nähe. Die Polizei..."

„Ich weiß", fuhr ich fort, „hat da um die Ecke in der Königstraße ein Büro. Wo tagsüber so'n Stadtteilsheriff sitzt. Wenn der um fünf allerdings noch da ist..."

Wir schoben die Räder lieber noch. Besser, der Dennis macht jetzt nicht einen auf volle Kraft, dachte ich. Aber er unternahm auch keinen Anlauf, um sich auf sein klappriges Rad zu schwingen. Ich bot ihm noch mein Handy an, um vielleicht jemanden zu Hause anzurufen. Aber der Typ hatte sich schnell beruhigt. Ich ließ ihn noch etwas schimpfen und sagte lieber nicht, dass Ali, wenn Ali es denn wirklich war, kein Türke ist, sondern Libanese. Was sagten sie mal in einem Spielfilm: Jemand ist solange kein Dieb oder Mörder, bis es ihm nachgewiesen ist. Genau. Unschuldsvermutung nennt sich das. Außerdem gibt es 'ne Menge Leute, die so aussehen wie Ali. Den hinkenden Täter mit fettem Muttermal unter dem rechten Auge gibt es nur in alten Spielfilmen. So einfach sieht die Welt sowieso nicht aus.

Unsere Freunde und Helfer. Ich glaube, die meinten erst, wir wollten hier irgendein gemeinsames Ding drehen. Gegen unsere Versicherung oder so. Wir mussten uns vorstellen und erklären. Hielten uns wohl für Kumpel. Vielleicht hätte Dennis sich seinen Kommentar mit den 'blöden Türken' sparen sollen. Nur weil er sich so aufregt, ist er doch keiner von diesen Glatzenschlichtis, die nicht bis drei zählen können. Gut eigentlich, dass ich mitgegangen bin zur Wache. Obwohl ich nicht so gerne meine Adresse und so rausgerückt habe als Zeuge. Na ja, muss wohl so sein.

„He, heute ist nun mal eher Training. Hatte ich klar gesagt. Das gilt auch für dich, Jens!"

Klarer Empfang des Trainers. Hatte ich befürchtet, als es bei der Polente so lange dauerte. Und die Sachen musste ich zuhause ja auch noch packen. Und Mama 'nen Zettel hinlegen, dass Handball heute früher ist.

„Fühlt ihr euch wie Stars oder was? Nur weil wir jetzt in der Bezirksliga spielen?"

„Komm Manni, wir doch nicht! So schnell heben wir nicht ab. Ich war dabei, als sie so 'nen Typ zusammengehauen und beklaut haben. Das hat gedauert."

„Ach so. Na gut. War ein Kumpel von dir?"

„Ne, gar nicht. Aber ich musste noch mit zur Polizei."

„Ist doch sowieso vergebene Mühe. Die kriegen ja doch nichts raus. Bei den Rädern machen die gar nichts mehr. Die musste schon selbst beim Händler registrieren lassen. Die Polizei ermittelt gar nicht mehr. Die nimmt nur noch die Meldungen auf."

„Jetzt bin ich hier. War auch nur ein Handy. Aber gefallen lassen gilt nicht."

„So Jens. Trotzdem. Zehn Extrarunden zum Warmmachen. Heute üben wir Rückraumkreisen, dazu das Kreisanspiel, Tempogegenstoß und wenn es gut läuft, dürft ihr noch mal den Kempa probieren. Das ist mehr als genug an Programm. Die Zweite macht am Schluss ein kleines Übungsspiel gegen uns."

Herrlich. In der Halle kannste alles vorher vergessen. Die Langeweile von Technologie heute – weg. Die nasse Hose beim Hinweg zur Schule heute – nicht mal mehr Schnee von gestern. Der

Frust mit der blutigen Nase heute Nachmittag bei dem Typ, bei dem Dennis da. Ob Ali wirklich dabei war? Selbst Lessing und Fatimah vergisst du in der Halle. Spätestens wenn dir so ein leichter Pass durch die Finger rutscht, weil du dich gerade fragst, ob ihr Bus nicht doch die 459 war. Handball. Macht einfach Laune. Nachher Duschen. Noch ´nen Alster genehmigen. Und dann abends noch ´ne Runde chillen. Mal sehen, was läuft. He, das läuft ja immer besser. Kempa verwandelt. Wenn das im Spiel auch mal klappen würde.

## Kapitel 2 Klitschko oder Lessing

Freitag. Halleluja. Bald ist Wochenende. Gestern im Betrieb außer zwei interessanten Reparaturen nichts Großes erlebt. Morgen das Spiel gegen die Jungs von Grünweiß. Sechs Stunden Schule heute. Ich fasse es nicht. Besser als die normalen acht.

„Herr Lessing. Nun müssen wir mehr wissen. Wer macht da mit bei diesem Wettbewerb?"

Silvio preschte immer gerne vor. Am liebsten, wenn einer von den Lehrern so was andeutete und uns ein Stundenausfall drohte, nein, natürlich schnell unsere Stimmung steigen ließ. Aber mehr als zwei Stunden dürfen bei uns auch wieder nicht ausfallen. Denn dann geht es ab in den Betrieb. Man lernt schnell, wie so der Hase läuft an ´ner Berufsschule.

„Von wem wisst Ihr denn schon?", ließ er uns zappeln.

„Die Holzklasse macht mit", fing ich an.

„Korrekt", strahlte Lessing noch verhalten.

„Vom Scholl ist auf jeden Fall eine elfte Klasse dabei", machte ich weiter.

„Vom Scholl?!" Empörte sich Mario.

„Dann habe ich keinen Bock. Die können sich nicht anständig auf den Parkplatz stellen, wenn die mal Papis Auto nehmen dürfen. Die führen sich dann auf wie der Graf persönlich. Das sind doch Angeberaffen."

„Komm, Mario, nicht so kleinlich. Von unserer Nachbarschule werden wohl drei Klassen mitmachen. Der Termin ist allerdings verschoben. Wir haben vier Wochen Zeit. Sonst ist die Zeit zu kurz."

„Sind das alle?", setzte Viktor nach. „Meine Cousine Lydia hat auch gesagt, ihre Religion macht mit."

„Du meinst die Hauswirtschaftsklasse von Herrn Abraham. Der ist mit seinem Fach Religion dabei. Und ich habe euch auch etwas mitgebracht. Den haben die Künstler und Gestalter im Unterricht gemacht. Einen ziemlich guten Flyer. Guckt euch das an!“

Treppe, Fragezeichen, Noten, Turnschuhe, ein paar Leute im Profil, die vielleicht an Einstein erinnerten. Ganz fetzig. Einen ziemlich dicken Stapel Werbung in Kleinformat packte Lessing noch in seine alte Ledertasche zurück. Lessing hatte bestimmt noch mehr vor.

Die gute Meldung war natürlich das Losungswort aus unserer Schule: Hauswirtschaft. Und das zweite gute Wort lautete: Abraham. Hauswirtschaft und Abraham ergibt Fatimah. Montag Schule. Dienstag bis Donnerstag Firma. Freitag Schule. Heißt drei Tage keine Chance, die Augen aufzuhalten. Und wenn sie ihren zweiten Tag mittwochs hat? Mensch, Jens, Glück gehabt. Die Berufsgrundschüler sind die ganze Woche da. Die sind ja noch keine Azubis. Fati, lass dich blicken. Oder besser nicht? Vielleicht hat sie ja auch gar keinen Cousin, der da vor mir wie ein Rumpelstilzchen auf den Fahrradweg hüpft und mich vom Sattel reißt.

„Also: Die Kunst- und Gestaltungsleute kommen auch dazu. Eine Holz-, eine Hauswirtschafts-, eine Elektro-, vier Metallklassen und die drei von drüben.“

„Mit ihrem Freund Schmidtchen an der Spitze“, warf ich etwas voreilig ein.

„Schmidt, Jens, nicht Schmidtchen. Aber der ist nicht der einzige Lehrer am Scholl, der mitmacht. Die teilnehmenden Klassen, Kolleginnen und Kollegen sind mit den Fächern Deutsch, Politik, Gesellschaftslehre, was ja beides fast dasselbe ist, und Religion dabei.“

Nun war Mehmeds Stunde gekommen. Sein Bild in der Zeitung hatte er am Morgen zu Hause mangels Abo gar nicht gesehen. Aber als ihm Matze den Regionalsport aufschlug mit den Worten: `Unser Boxer ist drin´, da strahlte Mehmed aus allen Knopflöchern. Seine Mundwinkel zogen sich fast bis zu den Ohrläppchen und sein Rücken glich mehr und mehr einer Kerze.

„Ich weiß sogar schon, wer Ihr Held wird", gab sich Mehmed, der Star des Tages selbstgewiss: „Ich weiß nur nicht, ob Sie mehr auf Wladimir oder mehr auf Vitali stehen."

„Glückwunsch übrigens zu deinem Bild. Ist ja eine Ehrung, so was. Nicht jeder fährt zu Jugendmeisterschaften. Aber ich muss dich enttäuschen. Die Klitschkos stehen sicher nur bei ein paar Leuten hoch im Kurs. Dazu gehört jetzt noch viel Arbeit, seine Leute auf das Treppchen zu holen. Ich habe schon von Pink gehört. Vom Scholl möchten Sie Hawking nominieren."

„Hawking? Ist das ein Kollege von Dirk Nowitzki bei den Dallas Mavericks?"

„Quatsch", wurde Eduard deutlich. „Das ist dieser schlaue Mann, der nicht laufen kann. Der spricht durch seinen Computer. Der hat viel über das Universum geschrieben."

„Und die Kleine Geschichte der Zeit", musste Lessing wieder mal zeigen, dass man mit fünfzig meist mehr weiß als Teenies.

„Das sage ich doch", ereiferte sich Mario. „Die vom Scholl haben keine Ahnung. Selbst wenn der schlau ist. Die Klitschkos haben viel mehr drauf. Doktor Eisenfaust – ist doch ein Spitzname."

„Und geschäftstüchtig sind sie auch", pflichtete Matze bei.

Und dann ging es los. Mehmed und Viktor übertrafen sich gegenseitig, als sie Körpergewicht, wichtigste Kämpfe, scheinbare Rückschläge, schwere Schulterverletzung von Vitali in der neunten Runde gegen Chris Byrd 2000, Wladimir mit Sieg 2008 gegen WBO-Weltmeister Sultan Ibragimov, brüderliche

Verbundenheit und alles mögliche Herausragende über die beiden Klitschkos zusammenzutrugen. Einen Moment lang konnte man denken, der Wettbewerb sei praktisch entschieden. Es könne nur noch um die Frage von Gold und Silber zwischen den beiden Brüdern gehen.

Dann zog Lessing eine überraschende Karte.

„Übrigens nicht nur Hawking - auch der Name Lessing fiel am Scholl. Als Vorschlag für das Siegertreppchen beim Heldenwettbewerb. Muss ich ja der Ehrlichkeit halber sagen."

Unsere Klasse schwieg. War ihm das ernst? So peinlich kannte ihn bisher niemand. Okay, vom Thönnies hätten wir das nicht anders erwartet. Der musste bald jede Woche zeigen und sagen, was er für ein toller Hecht ist. Holte tatsächlich einmal die Kritiken über sein Laientheaterspiel heraus und gab es allen Schülern als Kopie. Damit wir am besten klatschten. Über die Ehre und Gnade, die damit verbunden wäre, bei so einem dollen Kerl Unterricht haben zu dürfen, einem Könner, der eigentlich gleich an der Seite von George Clooney und Matt Damon schauspielern müsste. Aber Lessing, unser Lessing schießt doch nicht so ein Eigentor. Lessing ist doch nicht Thönnies. Dachten wir in dem Moment. Und schwiegen. Bis Silvio dieses Mal am besten schaltete:

„Ich nehme an, Sie wollen uns etwas mitteilen. Sie sind für den Nobelpreis vorgeschlagen oder werden der neue Direktor?"

Alle lachten. Und Lessing nahm die Vorlage gerne auf.

„Damals gab es noch keinen Nobelpreis. Lessing ist 1781 gestorben."

„Das tut uns leid. Ihr Ururopa?"

„Das nicht. Wäre mir aber eine Ehre. Leute, kennt ihr meinen Namensvetter nicht?"

Schweigen im Walde, oder besser gesagt bei uns Metallern.

„Ich kenne nur Lassie", warf Mario ein. „So ein blondes Hündchen in Filmen aus Opas Jugend".

„Im Ernst. Gotthold Ephraim Lessing war ein deutscher Aufklärer. Ich hätte ihn damals bestimmt für unseren Wettbewerb vorgeschlagen."

„Aufklärer?"

„Ja, das war keine AWACS, so eine Überwachungsmaschine in der Luft über Afghanistan, das war ein schlauer Mann, der freie, friedliche, engagierte, denkende Menschen wollte, keine Untertanen und keine Hasser. Eine seiner berühmten Geschichten ist die von einem Ring."

Da dämmerte mir wieder etwas.

„Ein Mann hat drei Söhne. Er muss bald sterben. Da macht er Kopien von dem Ring. Dann gibt er vor seinem Tod jedem Sohn einen Ring. Aber die wissen nicht, welcher der echte ist."

Ich schaute fragend zum Lessing von heute.

„Genau. Die streiten sich. Jeder meint, er wäre der einzig wahre und echte Sohn und Erbe. Jeder will der Herr im Hause sein. Die Söhne gehen sogar zum Richter. Doch der hat nur einen Rat. Tut so, als wäre euer Ring der echte. Denn der echte Ring macht beliebt bei Gott und den Menschen. Aber macht einen Wettbewerb. Lebt verträglich, sanftmütig, barmherzig und fromm."

„Was soll das denn? Das geht also nicht um Schmuck und Fälschung dabei?"

„Natürlich nicht. Die Geschichte der Ringparabel erzählt übrigens ein Sultan Saladin."

Hier schlug Marios Stunde. „Der kam auch im `Königreich der Himmel´ vor. Das war ein Moslem bei den Kreuzzügen. So eine Art General."

Und nun schlug Lessings Herz höher. „Klasse. Dieser Saladin ist nicht nur ein Kämpfer, er ist ein weiser Mann. Dem legt Lessing das in den Mund. Die Geschichte meint: Schlagt euch nicht tot. Wer weiß schon, wer den echten Ring, wer die Wahrheit besitzt? Macht einen friedlichen Wettbewerb!"

„Drei Ringe?" Mehmed überlegte: „Wenn das Saladin ist. Und die Kreuzzüge waren doch diese Kämpfe im Mittelalter? In Jerusalem und so."

„Haargenau. Und ahnt ihr, warum da drei und nicht zwei Ringe und nicht vier auftauchen in dieser Geschichte aus - meiner Feder..."

Kunstpause, gut gesetzt von Lessing. Mit den halb zu uns gedrehten Händen der lässigen Nachdenklichkeit vor der Brust. Ich sage ja, ein bisschen Show muss ein. Gelächter war ihm sicher.

„...Ich meine, nicht aus meiner, sondern aus des großen Lessings Feder?"

„Weil die Christen und die Muslime und die Juden alle drei meinten, nur sie hätten die Wahrheit, als sie kämpften."

„Besonders die Christen und die Muslime waren sich da erschreckend sicher. Wenn Du, Mario, den Film `Königreich der Himmel´ gesehen hast, hast du eine Ahnung, wie viel Blut da vergossen worden sein muss. Und wie viele Leute da ihr böses Spiel gespielt haben."

„Herr Lessing! Wenn wir Sie, ich meine, diesen Lessing da vorschlagen. Auch wenn der gute Ideen und gute Bücher hervorgebracht hat. Dann ist das doch so ein Kollege von Goethe. Dann kommt der nächste und will diesen kleinen Mann aus dem Fernsehen vorschlagen. Den habe ich mal im Fernsehen gesehen. Der immer so lispelt und manchmal so lospoltert über Bücher, für Bücher, gegen Bücher, wie heißt der noch mal. Marco Kohle-Radetzky oder so..."

„Marcel Reich-Ranicki. Das ist ein Literaturkritiker. Finde ich auch", gab sich Lessing entschlossen. „Bücherwürmer genügen nicht. Schreiben, lesen, denken. Das ist gut. Aber das reicht nicht.

Ein Held muss schon etwas riskieren. Ich bin also zum Rückzug bereit: Lessing muss nicht aufs Treppchen. Verdient hätte er es aber."

„Ich habe gehört", erstaunte uns Viktor, „dass die Tschechen einen Präsidenten oder so was haben, der hat Bücher geschrieben, die sollte niemand lesen. Dann hat der Säcke geschleppt. Als normaler Arbeiter. Weil keiner seine Bücher lesen durfte. Als da noch Sowjetunion war."

„Nicht die Sowjetunion in der Tschechoslowakei damals", korrigierte Lessing, „aber der Kommunismus. Das stimmt. Da durften Schriftsteller nicht alles schreiben. Wie Vaclav Havel. Die mussten für ihre Arbeit Mut haben. Manche mussten aus dem Land. Das sind dann schon Helden."

„Also kein Lessing auf dem Treppchen. Und kein..."

„Marco Kohle-Radetzky. Ne, Spässken. Marcel Reich-Ranicki."

„Und die Klitschkos?", fühlte Mehmed nun die Felle seiner Helden schwimmen.

„Was meint ihr? Haben die unsere Medaillen verdient?"

Es ging hin und her. Die Milchschnitten-Werbung fanden längst nicht alle gut gemacht. Mehmed wusste, dass die Klitschkos aber auch für UNICEF und bei Boxen für den Frieden mitmachten.

Lessing blieb bei alledem der Regisseur des Spiels. Er hatte das Drehbuch vielleicht noch nicht fertig. Kann sogar sein, dass wir selbst das Drehbuch gerade mitschrieben. Aber er hatte das Geschehen in der Hand. Seine Frage saß. Wir waren wieder einen Schritt weiter. Es lag Gewicht auf seiner Frage.

„Also, die Klitschkos, sie gehören auf unser Treppchen?"

Manchmal sind Sekunden des Schweigens wie der rote Teppich für die folgenden Worte. Fragt sich nur noch, was dann in den nächsten Sekunden mit den weit aufgestellten Ohren anzuhören ist.

„Ein Held haut Arschloch auf die Fresse."

Stille. Von den zehn, zwölf Leuten, die munter mitdiskutiert hatten, hatte wohl niemand damit gerechnet, dass er sich noch einmal einschaltete. Ali. Ali sprach.

„Dem Bush musst du einen aufs Maul hauen. Ein Held haut Bush aufs Maul."

Lessing spürte den Eifer hinter Alis Worten, ahnte, welche Phantasien hinter diesen dürren Worten steckten.

„Und woran denkst du dabei? Wer macht das? Wer soll das machen? Bush aufs Maul hauen?"

„Hat einen aufs Maul. Bei den Türmen. Die hatten Mut."

Damit hatte Ali jede Reserve aufgegeben. Lessing brachte das natürlich nicht aus der Ruhe.

„Das werden wir klären. Ob es am 11. September 2001 Helden gab. Ich danke euch für diese tolle Stunde. Ihr habt gute Ideen gehabt. Es liegt aber noch viel Arbeit vor uns. Wie wir gerade gemerkt haben, auch ernste Fragen."

Ich guckte mir Ali an. Große Worte hatte er da gerade gemacht.

Heißt ja eigentlich: Er hält das für gut. Diese Angriffe auf die Zwillingstürme. Ist ja ein Hammer. Das kann doch nicht sein. Ali. Heute muss ich ihn außerdem fragen. Führt der hier das große Wort und hat Dennis überfallen? Wie soll ich das fragen? Gleich in der ersten Pause? Oder warten? Oder nach der sechsten Stunde? Dann sind alle entspannter. Bangesein gilt nicht. Jens, sei kein Drückeberger. Am besten doch gleich. Jens, trau dich.

„Ali. Ich muss dich was fragen."

Er guckte mich ziemlich erstaunt an, weil wir eigentlich noch nie ernsthaft miteinander gesprochen hatten. Er trat einen

Schritt, zwei Schritte zurück und versuchte sich mit beruhigter Stimme:

„Was gibt es? Willst du wissen, wer das war mit Bush und Fresse?“

„Nein, darum geht es jetzt nicht. Ich dachte, ich habe dich vielleicht am Montagnachmittag so um halb fünf gesehen. In der Nähe vom Kino.“

Ali ging noch einen Schritt zurück.

„Kann sein.“

Seine Augen verrieten mindestens eine solche Aufregung wie bei seinen Worten zum 11. September.

„Da kam ich dazu, wie drei Leute von einem Jungen so ungefähr in unserem Alter wegliefen. Der Junge lag am Boden. Ich war mir nicht sicher, ob du einer warst. Einer von den dreien.“

„Junge? Keine Ahnung. Was erzählst du?“

„Die liefen weg. Der eine lief wie du.“

Seine Pupillen weiteten sich. Er wurde sogar ein bisschen blass. Mir wurde mit einem Schlag deutlich, als ich das sagte, mir kam die Erinnerung, mehr als ein bloßes Dämmern: Ja klar, der Laufstil! Nicht nur Kleidung und Frisur hatten mich an Ali erinnert. Jetzt machte es bei mir Klick. Bei ihm offensichtlich auch. Ali war's. Bestimmt. Ziemlich bestimmt.

„Was willst du? Hab schon Post vom Gericht. Was willst du!“

Er schob mich aus dem Weg, nahm seinen Händen und der Stoßbewegung auf mich zu glücklicherweise die letzte Entschlossenheit und lief raus.

Sollte ich jemand anderen aus der Klasse einweihen? Bin ich eine Petze? Verpfeife ich einen Klassenkameraden? Geht mich das wirklich etwas an mit dieser Handy-Geschichte? Ist das nicht Alltag? Wieso soll ich mich da gerade einschalten? Bin ich der Rächer der Enterbten? Bin ich Batman? Bin ich Jesus? Kommt doch nur Ärger heraus. Klappe halten am besten. Aber diese Augen. Ich habe den ertappt. Der war es bestimmt.

Ali verschwand im Pausengetümmel unseres Kollegs. Mein Kopf rauchte.

„He, ist nichts mit Klitschko, was?", kam Mehmed lachend auf mich zu. „Was guckst du so? Du guckst gerade so, als wenn dir Klitschko einen verpasst hat. Klitschko kämpft nicht gegen Amateure. Was ist los?"

„Ach, ich hatte gerade ein bisschen Stress."

„Mit Ali?"

„Woher weißt du?"

„Ich habe euch stehen sehen. Habe gesehen, wie der wegging."

Dann konnte ich es nicht für mich behalten.

„Ich glaube, ich habe Ali Montag gesehen, wie er mit zwei Leuten Montag so einen Typ in unserem Alter zusammengehauen und dem das Handy weggenommen hat."

„Normal. Keine Überraschung für Mehmed."

„Wie meinst du das?"

„Ali ist doof. Spielt den wilden Mann. Haut. Klaut. Weißt du nicht, was der alles schon gemacht hat? Der muss jeden Monat zur Polizei. Aber er versteht nicht. Er macht weiter."

„Das wusste ich nicht. Und sein Spruch in der Stunde war doch Hammer, oder?"

„Weißt du. Bush hat so viel kaputt gemacht. So viel Blut gebracht. Das ist normal. Dass wir das sagen."

„*Wir* das sagen?"

„Ja, alle Brüder. Bush ist Scheiße. War gut, was die gemacht haben, denke ich auch manchmal."

„Aber du würdest das doch nicht machen, oder?"

„Weißt du, Ali ist auch ein Bruder. Weißt du, was Bruder bei uns heißt? Das sagen Moslems zu Moslems. Bruder. Ali ist auch ein Bruder. Der hat gesagt. Das machen keine Brüder. Dürfen Brüder nicht."

„Jetzt verstehe ich gar nichts. Was hat Ali gesagt? Ich denke, der macht so viel Scheiß. Und findet die Piloten vom 11. September gut. Hat er doch gerade gesagt."

„Jens. Du bist nicht klug jetzt. Ich rede von *dem* Ali jetzt."

„Wie, *der* Ali?"

„Na, kennst du doch. Jetzt ist er ein alter Mann. Hat schwere Krankheit. Muhammad Ali."

„Ach so. Klar. Der Boxer. Aber was hat der jetzt damit zu tun. Vor allem warum Bruder und `dass Brüder das nicht dürfen´?"

Was Bassie und ich am Fahrradständer erlebt hatten, war keine Eintagsfliege gewesen. Mehmed hatte es drauf. Nun erklärte er mir, was er konnte.

„Muhammad Ali war erst kein Moslem. Ein Christ war er, glaube ich. Dann wurde er Moslem. Verstehst du? Ein Bruder."

„Okay. Ali war, ne, ist, der lebt ja noch. Ali ist ein amerikanischer Moslem. Stimmt, nicht?"

„Richtig. Und der war der erste Bruder, der gesagt hat: Das dürft ihr nicht. Das tun Brüder nicht."

„Das wusste ich nicht. Heißt ja: Ali und Ali haben da nicht dieselbe Meinung."

„Unser kleiner Ali hat die Hosen voll. Der ist nur stark, wenn Freunde dabei sind. Sein Vater hatte einen Laden im Libanon. Hier ist er nix. Verstehst du? Nix. Ali geht manchmal zum Laden. Von einem Onkel, oder so. Und hilft. Aber das ist nur Jackengeld."

„Taschengeld meinst du."

„Taschengeld. Ali träumt von Libanon. War alles toll da. Alles super. Alles herrlich. Scheiß-Israel und so."

„Du meinst, der muss so schimpfen, weil er das so gelernt hat?"

„Genau. Ali ist ein kleiner Ali."

„Aber sag′ mal vom großen Ali. Wieso hat der was zu den Terroristen gesagt?"

„Ist doch klar. Muhammad Ali ist Amerikaner. Ist Moslem. Greifen Flugzeuge sein Land an. Der ist nicht aus Arabien. Außerdem sind Boxer kluge Leute."

„Na, ja. Vielleicht Ali. Aber nicht alle."

„Dann sollten wir überlegen, ob Ali ein Held ist?"

„Jens, du bist klug, sehr klug. Das müssen wir. Ali ist ein Held. Bestimmt."

Wir einigten uns noch, Lessing den Ali vorzuschlagen. Das Erstaunliche war, dass wir nun sogar selbst überlegten, wie wir den im Unterricht vorstellen könnten. Hawking. Klitschko. Lessing. - Ali ist der Mann. Unser Mann.

Oder auch nicht. Wenn Klein-Ali nun vor Gericht kommt und ich aussagen muss? O backe. Dann boxt Klein-Ali gegen mein Groß-Hirn und seine Kumpel sind dabei. Besten Dank.

He. Hauswirtschaft. Abraham. Freitag. Glückliche Worte. Glückliche Fügung. Heute hat sie noch mehr Farbe über den Augen. Fast ein bisschen viel. Ne, die Wimpern hat die Winehouse noch länger. Süß, einfach süß. Fati. Aber ich kann sie doch jetzt nicht einfach so anquatschen. Jetzt sind da auch noch zwei Mädels mehr um sie rum. Geht nicht. Nur nicht aufdringlich wirken. Locker bleiben. Ist gar nicht so leicht. Wenn der Bauch kribbelt. He, Jens, das ist jetzt aber übertrieben. Die kennst du noch gar nicht. Du spinnst gerade. Komm, geh vorbei. Aber sie hat gewunken am Montag. Sie hat gewunken. Aus dem Bus. Soll ja in so ein paar Sekunden immer entschieden sein, wenn es funkt. Quatsch, was heißt hier entschieden. Fatimah gehört ins Märchen und ich in diesen Freitagmorgen, Berufskolleg. Basta.

„Hallo." Das gab es nicht. Sie schickte ihr `Hallo´ mit so viel Fröhlichkeit in meine Richtung, dass ich noch gar nicht zum Schmelzen, eher nur zur schönen Verwirrung kam.

„Hallo." War meine Antwort. Nicht sehr einfallsreich. Aber bestimmt auch nicht falsch. Ich nickte zu den Ladies neben ihr. Zwischen ihr und der Tuchträgerin von Montag kam mir ein markantes, herbes, blasses und doch irgendwie hübsches Gesicht entgegen. Da hatte ich eine gute Idee.

„Lass mich raten. Du bist Viktors Cousine."

Sie freute sich sichtlich. Der Seitenblick zu Fatimah zeigte, dass ich das gut gemacht hatte.

„Ich bin Lydia. Viktor ist bei Dir in der Klasse, stimmt´s? Wir haben uns schon gesehen."

Damit beendete sie ihren Blickkontakt mit mir, als wenn das jetzt schon mehr als genug Worte und Begegnung mit mir gewesen wären.

„Ja, wir sind dabei. Bei Schule sucht Super-Mann", klärte Fati.

„Und was macht Pink? Die Super-Frau?"

„Pink haben wir gerade gehört. Mit `Mister President´ und so. Ich habe eine CD mitgebracht."

„Was hat die denn noch so gemacht außer diesem Lied? Ich meine, Singen ist ja nicht alles."

Da wurde sie energisch. Hielt mich wahrscheinlich für einen der halbstarken Jungs, die nie vor anderen zugeben würden, dass sie eine Sängerin gut finden könnten, außer dass sie insgeheim Shakiras Hüftschwung natürlich nicht oft genug sehen können.

„Pink ist klasse. Kennst du ihr neues Video zum Lied? Wie sie marschiert durch die Straße. Pink hat Power. Pink ist eine Frau mit Kraft."

„Klar", versuchte ich einzulenken. „Das Lied an Bush fand ich auch toll. Spaziergang mit Bush. Hör dir an, wie viele Kinder nun ohne Eltern sind. Wie viele Eltern ohne Kinder. Kannst du ruhig schlafen, Mister President."

„Außerdem. Pink ist für Tiere. Die ist gegen Töten von Tieren für dicke Mäntel und Haut."

Da ließ sich noch merken, dass ihr jetzt das Wort Pelz fehlte. Aber einfach klasse, das Mädchen. Und immer noch kein Cousin, der mir an den Hals springt.

„Dann wollt ihr Pink auf die Treppe bringen?"

Da schaltete sich Lydia ein.

„Ich bin auch nicht für Pink. Die macht manchmal Angst."

Fatimah, wie gerne würde ich Fati sagen, schaute verblüfft zur Seite.

„Angst? Wieso das denn? Ach, wie die sich anzieht?"

Lydia schwieg. Ist das die Lydia, die ich wohl schon mal gesehen habe, wie sie in Kolonne und mit Kopftuch zu ihrer Kirche zog? Da schaltete sich das Mädchen von Montag an der Seite von Fatimah ein.

„Pink ist doch ein wildes Mädchen. Keine gute Frau."

Fatimah wandte sich noch einmal zur Seite und zögerte.

„Ihr habt Angst vor einem wilden Mädchen? Fatimah hat keine Angst. Fatimah ist die Tochter des Propheten. Fatimah hat keine Angst. Pink hat keine Angst."

Oh, Mann. Ali ist nicht Ali. Was kommt jetzt? Fatimah ist Fatimah. Oder doch nicht Fatimah? Pink ist Pipi Langstrumpf für Ältere oder was nun? Eine Heldin? Eine Hexe? Ganz schön kompliziert.

Flucht nach vorn ist immer gut. Wäre doch schade, wenn wir da nicht klarkommen. Jetzt auch noch Fatimah - Tochter des Propheten.

„Weißt du was? Wir müssen alle sprechen. Wir vom Lessing und Metall müssen mal hören, was ihr macht. Was die Hauswirtschaft bei Abraham so macht. Pink - wieso ist die klasse oder nicht? Bei uns haben wir über Klitschko geredet. Aber das gefällt auch noch nicht allen."

Da schaltete sich Lydia, die Stille ein.

„Das finde ich gut."

„Wir müssen mit Abraham und Lessing reden, vielleicht kriegen wir gemeinsame Stunden hin, vor den Medaillen", ging Fatimah auf meine Idee ein.

Das Leben ist interessant. Neue Namen, neue Leute. Fatimah hat keine Angst. Das denke ich auch. Wenn ich sie so sehe. Aber ich glaube, *ich* habe Angst. Was ist jetzt Anmache, und was ist in Ordnung?

„Gehst Du auch in die Kantine?", das musste ich ja wohl sagen und fragen dürfen.

„Wir haben selbst gegessen bei Frau Weiß. In der Hauswirtschaft kochen und backen wir manchmal. Dann essen wir selbst."

Ich wollte diesen Satz nicht als Abweisung Fatimahs begreifen. Ich wollte einfach nicht, dass sie in der Menge verschwand.

„Das wäre ja auch was. Wir schicken einen Bäcker oder einen Koch auf das Treppchen."

„Bei mir kocht die Mama. Mama kocht gut. Bei den Deutschen kocht das Fernsehen."

Da hatte sie nicht nur die Mädels neben sich auf ihrer Seite, sondern auch meinen Lacher.

„In der Hauswirtschaft kochen wir selber. Nicht großes Essen. Aber gut. Es soll auch nicht teuer sein."

„Ihr habt auch manchmal einen Stand beim Haupteingang und bietet was zum Verkauf an. Ist das eure Klasse?"

„Das sind wir oft", schaltete sich Lydia ein.

„Denn wir müssen die Eier, das Fett und alles selbst bezahlen, einen Teil jedenfalls" wurde sie richtig gesprächig.

„Ich werde darauf achten, wenn das nächste Mal ein Tisch aufgebaut ist. Dann werde ich eure Kunst testen. Hoffentlich bald, dann werde ich euch beim Lessing melden. Die Heldinnen kommen aus der Hauswirtschaft. Vielleicht Fatimah und nicht Pink."

Fatimah ließ sich dieses Stichwort nicht nehmen: „Fatimah ist gut für die Treppe, nicht ich."

„Jetzt sprichst du wieder von einer anderen Fatimah. Von wem sprichst du jetzt?", wollte ich wissen.

„Das verstehst du nicht. Der Prophet hatte keine Söhne. Aber eine Tochter. Die hieß Fatimah. Die war verheiratet. Sie hat einen Mann geheiratet. Einen Verwandten. Der hieß Ali. Fatimah hatte Kinder. Dann gab es viel Streit, als Mohammed tot war. Wer kommt nach Mohammed? Fatimah wurde angegriffen. Fatimah musste mutig sein."

„Deshalb hast du gesagt. Fatimah hat keine Angst."

„Du hörst gut zu. Fatimah hat keine Angst. Ich habe auch keine Angst. Meine Tante Fatimah hat keine Angst."

„Eine Tante von dir heißt auch Fatimah?"

„Ja, die ist sogar bekannt. Hat Bücher geschrieben in Marokko. Über den Koran und die Frauen."

„Ist ja stark. Hast du noch Kontakt zu der?"

„Sie lebt noch in ihrem Land. In meinem Land."

„Dann kommst du auch aus Marokko?"

„Klar. Ein schönes Land. Aber Fatimah muss mutig sein. Fatimah und Fatimah. Beide."

„Du bist doch mutig. Finde ich. Und dein Name ist wie..."

„Meine Name ist wie aus dem Märchen? Kennst Du auch Komplimente wie arabische und nordafrikanische Jungs? Fatimah ist wie ein Märchen. Wie die große Fatimah. Und, und, und? Honig ist das. Willst du mir Honig geben?"

„Ich meine, ich kenne dich doch noch gar nicht. Ich finde toll, wie du so über Pink redest, und deine Tante und…"

„Du willst mir Honig geben."

„Ja, wenn du das so sagst. Honig ist süß. Honig ist lecker. Honig ist gut. Ich will dir gute Worte geben."

Mensch, jetzt sülze ich hier einen Kram herum. Versuche, ihre Wörter aufzunehmen. Klar, will ich ihr Komplimente machen. Die ist ja auch toll. Aber nicht zu frech und nicht zu direkt.

Doch ehe das Ganze ins Schmalzige entglitt, lief alles ganz anders. Ich erhielt einen Schubser, einen Schlag, einen Schwung, der mir durch die ganze rechte obere Seite einen Schmerz schickte. Ich stürzte, fast bis in die komplette Horizontale. Ob es der Wunsch, nicht direkt vor Fatimah und den anderen Mädels auf dem Hof des Kollegs zu laden. Oder ob es die Erfahrung des Handballers war, nicht bei jedem Körperkontakt ungebremst zu Boden gehen zu müssen. Ich berührte nur mit meiner rechten Hand den Boden, rappelte mich schnell auf und sah Ali grinsend neben mir verschwinden.

„He, was soll das, haste schlecht geschlafen?", schimpfte ich in seine Richtung.

Drehte mich zu den Ladies und textete auf die Schnelle: „Manche Typen können sich echt nicht benehmen."

„Das stimmt", unterstützte mich Lydia.

Bei einem „Wir sehen uns" beließ es Fatimah. Ciaos wurden ausgetauscht, und das zweite Läuten entvölkerte den Pausenhof binnen einer Minute.

Ali hat mir den Kampf angesagt. So viel ist klar. Aber hat Fatimah meinen Honig angenommen? War das überhaupt Honig, was ich da abgegeben oder abgesondert habe? Habe ich mich gerade blamiert oder bin ich cool geblieben? Sie ist nur mit einem kurzen Gruß Richtung Hauswirtschaft abgezogen. Wir sehen uns – sagt man das so? Oder meint sie das so?

Konstruktionspläne. Gruppenaufgabe. Vier Stunden Zeit. Jetzt würde ich fast lieber für Lessing arbeiten.

## Kapitel 3 Mehmed und Ali

Eine Woche Arbeit und Schule. Keine Fatimah gesehen. Ist sie krank? Hat sie Montag einen Ausflug gehabt mit ihrer Klasse? Jens, schlag dir die aus dem Kopf! Aber - wenn das so leicht wäre. Mit Vatern wenigstens telefoniert. Mama wieder wenig gesehen. Muss sagen, Opa und Schule und dieses verrückte Referat mit Mehmed waren Nummer eins in den letzten Tagen.

„Wir werden Euch heute erklären, warum Muhammad Ali unser Mann für das Treppchen ist. Er ist ein Held."

Unser erster Satz war gut. Okay, ich sprach ihn aus, aber den hatten wir beide uns genau überlegt. Vor allem landeten wir dadurch einen gewissen Aufmerksamkeitscoup, dass Mehmed und ich gemeinsam vorne standen. Unsere Folie hatten wir längst platziert. Zwei Euro dreißig sind ja auch nicht schlecht für uns arme Azubis. Aber man will ja auch keinen auf Loser machen. Wie gesagt. Bereits mit unserem gemeinsamen Antritt hatten wir die Überraschung der Klasse sicher. Eigentlich hielt uns niemand für Kumpel. War ja auch nicht so. Bis wir uns eben näher kennenlernten. Wir beide ein Referatsteam - das stach schon mal.

Der nächste Teil, der erste Teil sollte Mehmeds Part sein.

„Muhammad Ali hieß nicht immer so. Ich werde Euch erklären, wie sein Name zustande kam. Erst hieß er Cassius Marcellus Clay. In Amerika waren die schwarzen Leute aber noch wie Diener. Wie Sklaven. Sie bekamen die Namen von ihren Herren. Als Ali später Moslem wurde, legte er seinen Namen ab. Er sagte, er wollte nun einen guten Namen tragen. Wie ein freier Mensch."

Und nun zog Mehmed einen Bogen, den ihm vielleicht auch Lessing nicht zugetraut hatte.

„Muhammad meint genau das wie Mohamed oder Muhamed. Ihr wisst, dass ist der Name des Propheten. Mehmed kommt auch daher. Ali war stolz auf diesen Namen, und ich bin es auch. Mohammed wollte nicht den Reichtum der reichen Kaufleute und die vielen Götter in Arabien. Mohammed wollte freie Menschen, die als Brüder leben..."

Was Baptisten sind, konnte Mehmed auch nicht so genau sagen. Er wusste nur, dass Muhammad Alis Mutter wohl eine Christin war. Mario meinte mit einer Zwischenbemerkung, die Baptisten wären doch wohl die mit den langen Röcken ohne Fernseher, aber da hatte er sicher nur die paar Baptisten aus unserer Gegend vor Augen, die zu ihren Bethäusern ziehen und zum Lachen, wenn überhaupt, in den Keller gehen. Spannend wurde es, als Mehmed allen erklärte, wie Ali zum Boxen kam.

„Muhammad Ali hat gesagt: \`Ich habe mit dem Boxen angefangen, mit zwölf Jahren, als mir jemand mein Fahrrad geklaut hatte. Ich lasse mir nicht alles gefallen. Ich will mich wehren können. Und der Polizist bei der Anzeige war auch ein Boxer.´ 1942 wurde er in Louisville geboren, in Kentucky. Also war das so ungefähr 1954."

Da erntete Mehmed mit \`Luisfille Kentucki´ so manchen kleinen Lacher in unserer Klasse. Nur weil Englisch oder Französisch nicht so seine Sache war. Aber gleich hatte er wieder alle Beachtung, die er wollte, weil alle spürten, dass er sich bei Ali auskannte. Mehmed kam nun erst richtig in Schwung.

„1960 gewann Ali bei den Olympischen Spielen die Goldmedaille im Halbschwergewicht."

„Schwergewicht", rief Mario dazwischen.

„Nein", machte Mehmed klar. „Wirklich Halbschwergewicht. Da war er noch jung. Achtzehn Jahre alt. Hatte schon alle Kämpfe als Amateur in Amerika gewonnen. Aber er hatte noch nicht alle Muskeln. Wirklich: Halbschwergewicht."

Wir schauten uns noch einmal den muskulösen jungen Mann an, den der alte Projektor an die weiße Wand neben der Tafel geworfen hatte. Wie der linke, junge Ali da noch aussah wie jemand in unserem Alter. Und doch ließ der alte Mann rechts daneben noch erkennen, dass es sich um denselben Sportler - einmal in aktiver Zeit und dann im Rentenalter - handeln musste.

„Dann fingen die Sprüche von Ali an. Keiner in – wie sagen die Amerikaner, Herr Lessing?“

„Louisville, das heißt so viel wie Ludwigstadt. Das ist ein französischer Name, von denen gibt es im Süden der USA noch mehr. Louisville“ – wiederholte Lessing, obwohl er wusste, dass wir alle bestimmt so schnell kein Französisch lernen werden.

„Keiner in Louisville, kein Plan, keiner in Ludwigstadt, interessierte sich für ihn. Die Schwarzen waren keine richtigen Leute. Das ärgerte Ali. Da gab es einen Wrestler. Die kennt ihr. So wie später der Untertaker und so. George hieß der. George, das ist jetzt wohl nicht aus Frankreich. Der George machte immer Sprüche über seine Gegner. Das machte Ali dann auch.“

Jetzt dachte ich, springe ich ein, damit Mehmed sich nicht wieder vom Englischen ein Bein stellen ließ.

„Archie Moore will be on the floor in round four. Das ist einer von den Sätzen, die Mehmed und ich uns rausgeschrieben haben. Ihr merkt, das reimt sich.“

„Und heißt?“, fragte Viktor nach.

„So ungefähr: Archie Moore wird auf dem Boden sein in Runde vier.“

„Wenn das ein Reim ist, heiße ich Harry“, fand Mario.

„Natürlich - im Englischen war das ein Reim. So ähnlich wie: Archie Moore muss nach dem Kampf in Kur.“

„Gut“, meldete sich Mehmed an die Spitze zurück.

„So hat Ali seinen Gegnern gesagt, wann Schluss sein wird. Manchmal war das dann auch genau so. 1964 hat Ali gegen

Sonny Liston gekämpft. Das war ein Weltmeisterschaftskampf. Eine große Zeitung schrieb: `Der lästige, merkwürdig selbstbewusste Cassius Clay hat nur einen Nachteil. Er kann nicht so gut kämpfen wie reden.´ Aber Ali, wie er sich bald nannte, gewann. Als Liston in der sechsten Runde mit einer Verletzung aufgab, donnerte Ali immer wieder ins Mikrofon: `I am the greatest!´"

Gut, dass wir diesen Satz beide draufhatten. Mehmed brachte ihn prima rüber. Dabei beugte er sich erst vorne herüber wie Einer, der ins Mikrofon spricht und es nicht gewohnt ist, aber gehört werden will, und dann reckte er beide Arme siegreich zuckend nach oben. Ganz klar. Wer sollte Mehmed schlagen? Einer, der selbst boxt, würde sich nicht so leicht geschlagen geben.

„Manche sagen. Ali war ein Angeber. Stimmt. Aber ein guter. Ich glaube, der wusste, was Show ist. Musst du einfach so machen. Ist doch heute überall so. Kein Bohlen, kein Raab, kein Klitschko ohne Show. Ali hat damit angefangen. - Ich habe gesagt: Ali gewann gegen Liston, weil der verletzt war. Wisst ihr, wenn dein Auge blutet oder etwas anderes Schweres ist, musst du Handtuch werfen. Ist klar. Dann gab es den Rückkampf. Nach..." – auch hier schaute Mehmed nur kurz auf sein Blatt – „...nach 105 Sekunden traf Ali im Rückkampf Liston so, dass der Kampf zu Ende war. Keiner verstand, was passiert war. Keiner hatte den Schlag gesehen. Der war an die Schlafe, Schläfe. Ali schrie den Liston an. Dachte, dass der Show macht. Der Ringrichter hielt Ali von Liston weg. Aber der war schon zu lange am Boden. Zehn Sekunden, wisst ihr."

So führte uns Mehmed noch ein paar Seiten dieses denkwürdigen Kampfes vor Augen. Dass von Mafia und Betrug die Rede war. Dass Ali Liston vorher sehr provoziert hatte. Dass Liston wohl gesagt hatte, er wollte Clay umbringen. Unter dem Strich: Ali war Weltmeister und dann auch berühmt. Klar erklärte uns Mehmed noch, was das heißt, wenn man den Gegner provoziert, indem man auf die Deckung verzichtet wie Ali damals. Durch den Ring hüpfen und wippen mit den Händen unten, tanzen, bis der Gegner müde wird, sich schützen vor den Schlägen des anderen, warten, bis die richtige Gelegenheit kommt. Fast meinte man, Ali und nicht Ossie wäre Mehmeds Lehrer und Ausbilder gewesen.

„They never come back. Das ist ein Spruch über Boxer. Du gewinnst. Du gewinnst immer wieder. Du boxst gegen immer bessere Boxer. Du wirst groß und größer. Aber wenn du verlierst, ist es aus. Ali hat gezeigt. Das stimmt nicht. Du kannst der Welt-Champion sein, verlieren und wieder zurückkommen."

Mehmed bestätigte mit seinem Nicken, dass ich seinen Vortragsteil über den Sportler des Jahrhunderts richtig weitergeführt hatte.

„They never come back. Sie kommen nie zurück, die Verlierer. Ali kam zurück. Nicht nur einmal."

Und nun schlug meine Stunde. Konnte mich darauf verlassen, wenn ich beim Kampf gegen Frazier oder Foreman mal gepatzt hätte, dass er es besser gesagt hätte: Mehmed war weiter im Ring des Klassenraumes. Mehmed war in Form. Mehmed war bei seiner Sache.

„1967 war Muhammad Ali schon ein berühmter Mann. Verteidigte seinen Titel auch in Frankfurt gegen den deutschen Europameister Karl Mildenberger. Er traf solche Leute wie die Beatles und Elvis Presley. Aber dann sollte er in den Vietnamkrieg ziehen."

„Aber wenn der schon so bekannt war, musste der doch nicht in den Krieg, oder?", misstraute Mario mal wieder unseren Ausführungen.

„Doch", war ich mir sicher. „Der sollte das wirklich. Dieses Bild habt Ihr vielleicht schon mal gesehen. Das ist eine ganz junge Vietnamesin, die flieht. Vor dem Krieg. Da kämpften amerikanische Soldaten im Urwald von Vietnam. Die setzten Brandbomben ein. Und Unkrautvernichtungsmittel – gegen Pflanzen und Menschen. Die wollten den Wald entlauben, damit sie die Feinde sehen. Das war ein Hammerkrieg in Vietnam. Deshalb sind noch heute Leute in Vietnam krank. Alles wusste Ali wohl noch nicht über die Verbrechen dort. Aber er wollte nicht in den Krieg."

„Und dann war er ein Feigling, oder was", überlegte Robert. „Dann hat keiner mehr geklatscht, wenn er boxte, oder?"

„Der sollte in den Knast. Sein Titel wurde ihm aberkannt. Er wurde zu fünf Jahren Gefängnis und 10.000 Dollar Strafe verurteilt, weil er nicht zur Armee wollte. Gegen eine Kaution blieb er auf freiem Fuß. Das Urteil wurde später aufgehoben, aber er erhielt keine Boxlizenz mehr. Wenn Ihr mitgerechnet habt, war er 1970 dann schon zehn Jahre im Geschäft, war drei Jahre lahmgelegt und musste sich zurückboxen. Das heißt: Er kam zurück. 1970 durfte er wieder in den Ring. Gegen Joe Frazier boxen hieß: Zwei ungeschlagene Weltmeister treffen aufeinander. Manche sagen: Das war der Kampf des Jahrhunderts. Ali verlor, wohl, weil er nach der Pause nicht voll trainiert war. Dann schaltete er etliche andere Herausforderer aus, verlor 1973 noch einmal gegen Ken Norton, erlitt Kieferbruch. Aber – Ali kämpfte weiter. Und seine psychologische Kriegsführung ging weiter."

„Wie, Kriegsführung", fragte Viktor.

„Psychologische Kriegsführung. Du machst die Gegner unsicher durch Sprüche vor dem Kampf. Sein Lieblingsspruch war: `Float like a butterfly and sting like a bee.´ Auf Deutsch etwa: Schweben wie ein Schmetterling und Stechen wie eine Biene. Das war seine Provokation. So drohte er das an. Ich werde schweben wie ein Schmetterling und dann zustechen wie eine Biene. Und das hat er manchmal so gemacht. Er tanzte. Trotz seiner Muckis war er schnell. Ziemlich schnell. Und dann kam der überraschende Haken. Oder die Gerade. Wie ein Stich. Den zweiten Kampf gegen Norton gewann er dann mit einer Links-Rechts-Kombination in den letzten Runden. 1974 gewann er dann gegen George Foreman in einem berühmten Kampf in Afrika, wo ihn viele Leute anfeuerten."

Nun konnte selbst Lessing so viel Sport nicht mehr ertragen. Er meinte, uns bremsen zu müssen.

„Mehmed! Jens! Ihr habt gesagt, Ihr würdet uns einen Helden vorstellen. Okay. Der Mann hat sich zurückgekämpft. Der hat nicht aufgegeben. Aber das ist doch noch kein Held, oder?"

„Langsam, Herr Lessing. Wir sind noch nicht fertig", versuchte ich, den Bremser zu bremsen.

„Herr Lessing", ging Mehmed in die Vollen: „Ist das kein Held? Ist Weltmeister, wird wieder Weltmeister, geht nicht in einen Scheiß-Krieg. Sagt, dass er nicht für ein Land kämpft, das die Schwarzen nur als Soldaten und Diener will. Der Mann hat für die Schwarzen gekämpft. Manchmal hat er selbst natürlich Sprüche gegen Weiße gemacht. Aber Ali ist stark. Diese Technik vor allem. Die Taktik."

„Ich möchte nun noch erzählen, was er nach seiner Zeit als Boxer gemacht hat. Als die Olympischen Spiele in den USA waren, in Atlanta, da hat er das Feuer angezündet. Das ist eine große Ehre, wenn man das im eigenen Land vor allen Menschen tun darf. Das hat er gemacht, obwohl er schon Parkinson hatte."

Nun guckten noch einmal alle auf den alten Ali.

„Parkinson ist eine Art Schüttellähmung. Vielleicht hat das Boxen diese Krankheit verschlimmert oder hervorgerufen. Er hat in einem Interview gesagt: `Ich habe so viel Gutes erlebt, dann darf ich nicht über meine Krankheit klagen. Ich werde nicht aufgeben.´ Das finde ich toll. Deshalb ist er ein bisschen ein Held. Doch die tollsten Sätze hat Ali nach dem 11. September gesprochen."

„Hat er wieder gereimt?“, frötzelte Mario.

Mehmed schaute ernst und wohl auch ein wenig böse zu ihm herüber.

„Nein, Ali hat den Brüdern die Meinung gesagt.“

Ich hatte meine Rätsel ja schon auflösen können. Die meisten Gesichter sahen so aus, als wenn die `Brüder´ in ihnen noch nicht so klar zu erkennen waren.

„Aber Jens will das sagen. Ali hat zu den Türmen was gesagt. 2001. Als die Flugzeuge auf Amerika flogen.“

Nun musste ich nicht lange einleiten.

„Die das getan haben, waren keine Muslime. Das waren Mörder. Mörder dürfen sich nie auf den Koran berufen.“

Ich wiederholte den Satz. Schaute mich um.

„Ali hat nicht gemeint, dass da keine Muslime in den Flugzeugen saßen. Er hat gemeint: Muslime tun das nicht. Die sind friedlich.“

„Ja, Ali hat den Brüdern die Meinung gesagt. Das geht nicht. Du darfst nicht einfach töten. Es steht im Koran: Wer einer durstigen Katze zu trinken gibt, tut ein gutes Werk vor Allah. Aber nicht so etwas.“

Mehmed hinterließ wieder eine Wolke, einen Nebel des Erstaunens im Raum. Ein Boxer steht nicht auf Kampf. Ein Moslem ist gegen das, was Moslems getan haben. Was Moslems nicht tun sollen.

„Außerdem hat Ali in Zeitungen gesagt: Muslime sind Leute des Friedens. Sie glauben an Gott. Und mit den Religionen ist das wie mit dem Wasser. Vertrauen zu Gott und Gebet gibt es in allen Religionen. Wasser fließt in vielen Flüssen und Meeren. Die Flüsse haben nur unterschiedliche Namen. Ich glaube, er hat gemeint, dass es in den Religionen viel Gemeinsames gibt.“

Ein paar Nachfragen hielten wir noch aus. Ja, das stimmt, dass der alte Ali eine Tochter hat, die auch boxt. Dass er das erst nicht gut fand. Das stimmt, dass er in jüngeren Jahren bei den schwarzen Muslimen von Amerika Sprüche über Weiße gemacht hat, die nicht gut klingen. Dass er sehr stolz darauf war, dieses olympische Feuer in seinem Heimatland entzündet zu haben. Ob es denn nun manchmal Schiebung in seinen Kämpfen gegeben hatte, konnten wir nicht beantworten.

„Ach ja, eins habe ich noch vergessen. Muhammad Ali hat nicht nur etwas nach dem 11. September gesagt, was wichtig war. Er hat auch ein paar Mal geholfen, dass arabische Regierungen Geiseln frei gelassen haben."

„Wie das denn?", staunte Mario.

„Er war halt so bekannt. In vielen muslimischen Ländern wusste man das, dass Ali Moslem ist. Da hat man auf ihn gehört. Ali war so schlau, dass er seine Bekanntheit eingesetzt hat. Einmal hatte Saddam Hussein Geiseln genommen als menschliche Schutzschilde..."

„Was ist das?", kam nun von Mehmed als Frage von der Seite.

„Das sind Leute, zum Beispiel Amerikaner, die neben den Palast des Präsidenten oder so gestellt werden. Wenn ihr schießt oder Bomben werft, dann sind die tot."

„Schutzschilder?"

„Schutzschilde. Die hatten Ritter zum Beispiel. Diese Schilde sind aus Metall. Könnten wir beim Meier auch mal in der Werkstatt anfertigen. Im Ernst. Eigentlich sind das Abwehrwaffen. Und die Geiseln, die Gefangenen sollten nun schützen."

„Aber das ist doch feige?", schaltete sich Viktor ein. „Das tun doch auch die Leute im Gazastreifen. Verstecken sich bei Kindern und klagen dann."

„Schutzschilde heißt, da werden Menschen sogar gefangen genommen und zu Kriegswaffen gemacht. Da hat Ali einmal geholfen."

„Aber der Saddam Hussein ist doch tot."

„Das liegt auch schon lange zurück. Auch sonst hat Muhammad Ali zwischen den USA und Ländern in Arabien vermittelt."

„Dann ist der Ali ja ein toller Mann", schnaufte Maik mit ein bisschen Verwirrung in seinem Hinterstübchen in unsere Klasse.

„Deshalb stehen wir hier." Mehmed zeigte eine zufriedene Entschlossenheit. Er hatte allen Grund dazu. Unser Held war präsentiert. Wir hatten auf jeden Fall einen Punktsieg errungen. Ganz ehrlich. Die Gesichter unserer Klassenkollegen hatten mir schon während unserer Vorstellung geflüstert: Der Ali hat Chancen. Das wäre ein Held für unsere Tage. Der Beifall war dann auch nicht von schlechten Eltern.

„Eine Frage hätte ich noch." Klar, dass Lessing sich den Mund und die Freiheit des Chefs im Klassen-Ring nicht nehmen ließ.

„Was haben Boris Becker und Muhammad Ali gemeinsam?"

„Pokert Ali auch?" Spekulierte Mario und erntete Heiterkeit im Raume.

„Na ja", bemühte sich Andreas, „sind beides bekannte Sportler, einer in Deutschland, einer in Amerika."

Aber alle wussten, es müsste noch was kommen von Lessing.

„Beide haben mehr Frauen im Bett gehabt als für einen gesunden Mann gut ist."

Lessing hatte seine Lacher. Doch er hatte mal wieder ins Wespennest gestochen.

„Genau das finde ich nicht gut. Wie kann so einer ein Held sein. Ein Vorbild, wenn der so lebt."

Alle schauten Eduard fragend an.

„Der Becker hat doch bestimmt jeden Monat eine Neue. Wie der Bohlen. Meine Mutter würde das nicht mitmachen."

Klar. Die Frage gehörte dazu. Wie gut muss ein Vorbild sein? Eduard hatte das vielleicht schon die ganze Zeit gedacht. Bei dem in der Gemeinde heißt es wohl, vor der Ehe soll man nicht und so.

„Ali hat mehrere Frauen gehabt. Wo ist das Problem?“ Meinte Mehmed.

„Okay, Mehmed. Wenn ich das richtig bei Wikipedia gelesen habe, gab es da noch ein paar Kinder neben der Ehe.“ Fügte ich an, was ich herausgefunden hatte.

Mehmed schwieg da lieber. Mir zuckte da auch gleich durch den Kopf, dass ich einen Halbbruder habe. Den ich noch nie gesehen habe. Bis heute nicht. Erst als Mama endgültig nein zu meinem Erzeuger sagte, Tschuldigung, Papi, aber manchmal kann ich nicht mehr zu dir sagen. Erst als sie nicht mehr wollte und konnte, das Auf und Ab satt hatte. Als wir ihr sagten, so ginge das nicht mehr weiter. Da hatte sie mir das erzählt. `Du hast einen Bruder. Der ist fast so alt wie du. Nur vier Monate jünger als du´. Aber das muss ich jetzt nicht rauslassen hier. Nur kein Striptease vor der Klasse. Ne, diese Fremdgeh-Väter sind scheiße. So einer will ich nicht sein. Nie, nicht.

„Der Becker hat doch in so einem kleinen Zimmer in einem Hotel ein Kind gezeugt.“

„In einer Besenkammer“, ergänzte Mario, zupfte vielleicht unterbewusst an seiner Bild-Zeitung und drehte sich kurz zu Eduard nach hinten.

„Meinetwegen in einer Besenkammer. Der hatte doch Frau und Kinder. Wenn das alle machen! Becker und dieser Boxer gehören nicht auf die Treppe.“

Offensichtlich freute sich Lessing, Eduard beinahe das erste Mal so energisch erlebt zu haben.

„Jetzt kommen wir aber schon zur Religion und Philosophie. Wer ist vollkommen? Muss ein Held alles können? Muss ein Vorbild ein Vorbild für das ganze Leben sein?“

„Allah allein ist vollkommen. Ali ist nicht vollkommen. Ein Mensch ist nicht vollkommen.“

Wer außer Mehmed hätte diesen Satz aussprechen können?

„Gott allein ist vollkommen."

Mit diesem kurzen, trotzigen Satz verband Eduard sein aufgerecktes Kinn und schloss gleich die Augen, als wollte er den Sturm der Entrüstung wenigstens nicht sehen, wenn dieser sich mit Gesten und Worten sofort gegen ihn erheben und richten würde. Aber alles schwieg.

„Leute, ihr seid klasse." Wieder einmal gelang Lessing ein Lob. „Ali will keinen Terror von Muslimen. Ali ist Moslem. Ali will uns sagen, dass die Religionen ′ne Menge gemeinsam haben. Jetzt merken wir das selbst hier. Ist Allah Gott? Mehmed und Eduard sind voll drin in der Frage. Ich glaube, da müssen wir auch mal mit dem Kollegen Abraham sprechen. Der kennt sich da gut aus."

Mehmed und ich klatschten uns ein. Freuten uns, dass Lessing uns eine Eins notiert hatte. Ein paar freundliche Worte hörten wir noch, als es nach draußen ging. Stark auch das Gefühl, dass da etliche noch weiter diskutierten. Manchmal passierte das auch, wenn wir bei CNC mit Links- und Rechtsdrehung nicht klarkamen. Aber das hier hatte eine ganz andere Reichweite. Lessing hatte uns auf den Geschmack gebracht. Helden brauchen wir.

„Jens, übrigens. Komm doch heute Abend mal wieder vorbei. In Ossies Schuppen."

„Kann passen. Habe heute kein Training."

„Komm einfach nach sieben. Bring doch Schuhe und Klamotten mit. Weißt ja, wo wir boxen."

„Auf Ali!"

Dabei streckte ich Mehmed meine rechte Faust entgegen. Er schickte mir seine Faust entgegen.

„Auf Ali, Bruder!"

Boxstall Nord. Das ist ja eigentlich kein klangvoller Name. Aber Ossies Champions oder so etwas wäre natürlich auch ein bisschen protzig und lächerlich zugleich. Bin ja doch nicht der einzige Radfahrer hier. He, das sind acht, neun, zehn Räder. Klar, wieso sollten die auch alle schon einen Führerschein haben. Morgen nur nicht die Stunde bei Klaskowski vergessen. Der will demnächst schon mit mir auf die Autobahn. Mist, hell ist das nicht gerade hier. Wird fürs Aufschließen nachher schon reichen.

Riecht wie Puma hier. He, da sind ja alle Ringe besetzt. Wirklich was los heute. Laufbänder in Betrieb. Kein Wunder, dass der das Fenster aufreißt. Da ist er ja!

„Hi, Mehmed. Hab´s geschafft heute. Will doch mal sehen, wie du dich so schlägst."

„Ich mache gleich einen kleinen Kampf gegen Artur."

„Der da drüben?", fragte ich und nickte zu einem Jugendlichen herüber, ohne ihn direkt anzuschauen.

„Genau. Der da mit Harry steht."

„Wie lange machst Du so, wenn Du Training hast? Beim Handball machen wir immer so anderthalb Stunden."

„Wir auch. Im Sommer schickt Ossie uns oft noch zum Laufen. Dieses Band mag er nicht."

„Aber da sind doch zwei."

„Nur für den Winter. Warte mal. Das stellt der gleich ab. Dann sagt er: `Wir sind doch hier nicht bei den Ladies und ihrem Popo-Training´ oder so was."

Gedacht, passiert. Tatsächlich ging Ossie auf die beiden Läufer zu, sagte ein paar launige Worte, die ich im munteren Gefecht der ganzen Halle nicht verstehen konnte und ging zurück. Er steuerte geradewegs auf mich zu.

„Bist du ein Neuer?", redete er mich mit einer versuchten Mischung aus Freundlichkeit und Coolness an.

„Nein. Mehmed hat mir das erlaubt."

„Mehmed hat das erlaubt? Ist das schon der Chef?"

Dabei lachte er zu Mehmed herüber, drehte sich wieder zu mir und erklärte mit seiner tiefen Stimme:

„Das geht klar. Da kommen immer Freunde mit und gucken zu."

Freunde. Bruder hatte Mehmed mich ja immerhin schon genannt. Natürlich wollte ich dieser Bezeichnung auch nicht widersprechen. Sollte ich Ossie jetzt sagen, dass wir `nur´ in einer Klasse wären? Das hätte sich wieder so angehört, als wenn wir nur nicht zugeben wollten, dass wir in Wahrheit ein Pärchen sind. Es lauern so viele Missverständnisse in unserer Welt.

„Oh, Mehmed, baust du schon einen Fanclub auf?"

Mehmed schaute nicht übermäßig erfreut zur Eingangstür. Ali kam herein, neben ihm ein etwas kleinerer Typ vielleicht auch in unserem Alter. Einer von den Dreien vom Überfall? Mensch, Jens, nicht immer gleich das Schlechteste denken. Dass Ali da hereinspaziert, als wäre er ein Stammgast oder Henry Maske persönlich – das ist ja schon schlimm genug.

„Na, Kleiner, biste falsch gelaufen. Was machste hier?"

Jetzt nur nicht kneifen, dachte ich. Gegenhalten muss sein. Erst recht bei Ali.

„Ich will Mehmed zugucken. Wir haben heute ja schon viel Gutes vom Boxen gehört."

„Ach, Scheiß mit Ali und so."

„Gefiel dir nicht?"

„Ach, Moslem ist Moslem. Ali ist ein Affe. Kein Bruder."

„He, he. Sag´ nichts gegen Ali. Der war gut. Der ist gut. Von dem kannste viel lernen."

Der Blick zur Seite schien mir zu bestätigen, dass Ali gerade seine Krawall-Chancen auslotete. Immerhin war er nicht allein. So wandte er seinen Blick nur kurz zum kleineren Nebenmann, um dann die Größe und Atmosphäre der Halle zu checken. Ali holte nicht aus. Ali schwieg. Wir standen sicher fünf Meter auseinander, als sich Mehmed und Artur zum Sparringskämpfchen formiert hatten.

„Auf Ali“, rief ich Mehmed zu und reckte meine Faust halb ermunternd, halb gratulierend in das dämmrige Hallenlicht. Spürte rechts nur die Feindseligkeit des Kopfes, der sich mir nur kurz zudrehte um sich dann verurteilend zu schütteln.

„Hau dem Russen die Schnauze voll!“

Ali hielt das womöglich für übliches Zuschauerverhalten.

„Hau ihn um. Mach Schwein fertig. Los, Mehmed!“

Die Jungs mit den Handtüchern über der Schulter, die ihre Pause nutzten, um Mehmed und Artur einen Moment zuzuschauen, machten ihrerseits Kommentare. Ich hatte ziemlich deutlich den Eindruck, ihnen ging Klein-Ali so auf den Keks wie mir. Aber Alis Rufe wollten nicht enden. Zum Glück konnte ich nicht jede halblaute Bemerkung verstehen. Manchmal ist es gut, wenn man kein Libanesisch kann. Da sprechen sie doch Arabisch, oder?

Als Ossie, ohne Stoppuhr, mehr aus seinem gut gefüllten Bauch heraus die erste Runde beendete, ging Ali einen Schritt zu weit.

„Du musst Scheißrussen kaputtschlagen.“

„Ich haue dir Schaffresser gleich...“ – War die klare Antwort von Artur. Und die gab er nicht nur mit Worten.

Ossie fing Arturs Schwung ab. Schob ihn von den Seilen weg, hin zur Ecke, als sollte es nun in seinem Stall eine ganz normale Pause und dann möglichst eine ziemlich übliche Fortsetzung mit ′ner zweiten Runde geben. Doch dann drehte er sich ganz gemächlich zu Ali.

„Wir geben dir eine Hose. Und eine Jacke. Oder ein T-Shirt. Vielleicht findet Mehmed noch was bei den alten Schuhen. Kämpf!“

Ali guckte irritiert.

„Gegen Mehmed? Nie!"

„Gegen Artur!"

„Was? Ali ist ein großer Boxer. Aber ich kann nicht. Muss noch weg."

„Ali war ein großer Boxer. Du bist auch ein Ali? Dann boxe für deinen Namen!"

Boxe für deinen Namen! Nicht schlecht. Ossie hatte irgendwie ins Schwarze getroffen.

Nicht mal auf Artur schaute er noch und sah dessen wütend funkelnde Augen und die Körperhaltung, die ganz ohne Worte ein klares `Komm doch´ ausdrückte. Ali ging, fragte einen der Dabeistehenden nach der Kabine, nahm seinen stillen Begleiter mit und zog sich wohl tatsächlich um.

„Ist das ein Freund von dir, Mehmed? Dann musst du ihm noch viel erklären."

„Nicht Freund, Ossie. Der geht in meine Klasse. Spricht noch nicht so gut. Kommt aus Libanon."

„Libanon, Türkei, Kasachstan, Darten, New York. Ist mir scheißegal. Der hat keine Ahnung. Warum hast du den hierhergeholt."

„Ich habe den nicht eingeladen. Nur den da." Zur Klärung zeigte Mehmed noch einmal auf mich.

„Na, gut. Er wird schon merken, was ein Boxstall ist. Der – Ali."

Dann wandte er sich an Artur.

„Du weißt. Der ist nicht trainiert. Der ist nur groß mit Worten. Hör früh genug auf. Ich werfe dann das Handtuch. Für ihn. Als wenn er mein Schüler ist. Verstehste? Panimajisch? Sach schon!"

„Klar Chef. Aber ich werde..."

„Langsam, Artur. Klitschko schlägt keine Kinder."

Wie Ossie das sagte. Der ist nur groß mit Worten. Das hatten sie über den jungen Ali auch gesagt. Den jungen großen Ali. Als der Liston und Co. herausforderte. Der ist nur gut mit Worten. Wer weiß, vielleicht ist Klein-Ali doch gut im Ring? Außerdem – der große Ali war sicher ein bisschen schlauer als der junge. Übte ja auch für seine tollen Sätze. Vor und nach dem Kampf. Vielleicht ist Klein-Ali ja auch nur ein netter Angeber. Ein weicher Kern mit rauer Schale. Aber das gerade? Das war so was von daneben. Nein, auf der Straße, bei dem Raub und Überfall, das war er. Da kommt er wieder. Dieser Gang. Er war es. Groß-Ali lernt boxen, weil er sich nicht einfach wieder das Fahrrad klauen lassen will. Klein-Ali muss boxen, damit er lernt, was Groß-Ali draufhat und er nicht. Schau'n mer mal.

„Zwei Runden, jede Runde hat drei Minuten. Mehmed guckt auf die Uhr. Ich bin Ringrichter. Und" – dabei drehte er sich extra langsam zu Ali – „passen Hose und Schuhe? Passen dir Alis Schuhe?"

„Schnauze, lass anfangen."

Ossie schluckte diesen Ton, wie er in dieser Halle bestimmt schon manche Unverschämtheit geschluckt hatte und überließ ihn Arturs Fäusten mit einem schlichten `und los!'.

Nicht schlecht. Ali duckte sich. Mehrfach. Fast wie Ali der Große. Tänzeln würde ich das allerdings nicht nennen, was er da auf das Box-Parkett legte. Dafür sahen seine Schuhe lustig aus. Wie aus einem Second-Hand-Shop, eher kamen die aus einer third oder fourth hand. Eben aus Ossies legendärer Kramkiste. Tatsächlich. Ali, Klein-Ali, schickte sogar eine zaghafte Rechte los. Die verflatterte natürlich auf dem Weg zu Artur. Als wenn es ein wirkungsloses Lüftchen gewesen wäre. Artur schien sich eher beruhigt zu haben. Nein, wenn ich richtig überlege: Artur war Groß-Ali. Er wartete. Und spielte ein bisschen. Bis gerade zu diesem Gedanken. Er wartete nur. Dann ließ er sich nur kurz leicht zurückfallen, um dann umso schneller nach vorne zu stoßen. Ob Ali da noch in einen der Schläge seine rechte oder linke Faust schützend hineinwerfen konnte, war uns Zuschauern kaum mehr zu erkennen. Artur kombinierte, links, rechts, war nach ein, zwei Geraden vielleicht vier, fünf Mal bei den Haken gelandet. Ali taumelte, Artur nahm Abstand, aber nicht zu viel und platzierte eine präzise Rechte auf Alis Stirn. Der sackte zu Boden. Wirkte für - mag sein: drei Sekunden - wie benebelt und klar geschlagen und besiegt, da hob er sich mit unerwarteter Geschwindigkeit und rammte Artur, der sich uns schon halb entspannt zudrehen wollte, mit dem Ellbogen ins Gesicht. Damit nicht genug. Dem Ellbogen folgte sein Knie in Arturs beste Teile, die er in seiner Glitzerhose nun schmerzhaft verdeckt hielt. Ossies Rufe verhallten. Artur stöhnte oder schrie kurz auf, taumelte gleichfalls nur kurz und schlug nun mit ungehemmter Kraft auf Ali ein, der nach drei, vier eingesteckten Schlägen und einer wuchtigen Landung in den Seilen Artur wieder entgegenkatapultiert wurde, um dann vom tobenden Artur mit zwei satten Schlägen endgültig auf den Boden geschickt wurde. Dann war Ossie zur Stelle, schützte Ali vor Artur und sagte nichts als:

„Der hat genug.“

Noch bevor er nach dem Kühlkissen für Ali sah, hatte er auch für den einen überraschend beherrschten Satz bereit:

„Alis Schuhe sind dir zu groß. Ali konnte besser reden und besser boxen.“

Alle weiteren Handreichungen für Ali absolvierte Ossie ohne Worte. Sein Gemurmel überhörte er, wobei er sicher auch wirklich nicht alles verstehen konnte, was aus Alis blutig ramponierter Schnauze herauskam. Ja, Schnauze. In so einer Situation ist das kein übel verletztes Gesicht, sondern eine mit vollem Recht blutige Schnauze. Jawoll!

Sogar Artur musste sich versorgen lassen. Seine Wange schwoll durch den Ellbogenhieb an, und von schmerzfreier Entspannung in der metallic-silbrigen Box-Hose war gleichfalls noch nichts zu ahnen.

Selbst Mehmed hatte die ganze Szene die Worte geraubt. Schämte er sich für Klein-Ali? Ein Bruder, der da gerade Scheiß gebaut hatte?

Werbung für den Box-Sport war das jedenfalls nicht. Ich dachte an meinen Handball. Da geht es auch hart zur Sache. Aber wenn Einer frei durch ist, ist er durch. Die kennen die Grenze. Quatsch. Das war nicht Boxen. Das war Ali. Klein-Ali.

Als Artur und Mehmed später in den Ring stiegen, war das nur noch ein müdes Geschehen. Kein Tempo, kein Spaß, kein Biss war mehr in der Geschichte. Das hätten sie auch auf dem normalen Hallenboden machen können. Das wäre ohne Ringseile gegangen.

Kann es das sein? Kommt rein. Provoziert. Hört nicht auf. Kriegt einen auf die Fresse. Aber hat bestimmt nichts gelernt.

Na, da schleicht er sich, hebt noch die Faust zu Artur. Gut, dass der zu beschäftigt war, um sich dem Idioten noch einmal zu widmen.

Ossie kam auf mich zu:

„Weißt du was. Du glaubst doch nicht, dass das Boxen war! Artur war noch vorsichtig. Was der kleine Sprücheklopfer da gemacht hat, das war Kinderkacke. Läuft hier rein, reißt die Klappe auf, da musste er einen kriegen! Artur war noch richtig nett. Aber als er das mit dem Schlagen und seinem Knie gemacht hat – ich glaube, ich hätte ihm mit siebzehn so einen verpasst, dass der drei Wochen nur mit Strohhalm gegessen hätte. So ein Hohlkopf. Ali. Schande für seinen Namen. Als ich klein war, sind wir zu Nachbarn geschlichen. Die hörten West-Radio. Ich wusste zwar, dass wir die Amis nicht gut finden sollten, aber wir wollten wenigstens im Radio hören, was das Großmaul gemacht hat. Der war stark. Ein paar Jahre später habe ich wegen ihm geboxt. Mehmed hat auch alle Filme über Ali gesehen. Jetzt kommt da so ein Angeber, hat von nichts ´ne Ahnung und kennt nicht den Unterschied zwischen Boxen und Kloppen. Solche Typen halten Frauenangrapschen für Flirten und Scheiße für Essen."

Ossie fand langsam zu seiner Lässigkeit, warf Mehmed sein Handtuch zu, gab ihm ein paar Tipps für die Deckung. Guckte sich Arturs Gesicht noch einmal an, klopfte auch dem auf die Schulter und wandte sich dem anderen Ring zu, wo Einer, der dem jungen Ali wenigstens der Hautfarbe und Frisur nach ähnelte, versuchte, seine ungelenken Bewegungen durch Bissigkeit wettzumachen. Ali ist eben nicht Ali.

Ach ja. Die Geschichte war noch nicht vorbei. Als ich eher zufällig mit Artur gleichzeitig die Halle verließ, da standen vier Typen draußen neben dem Ausgang. Vorne stand Ali, ramponiert, dass ihn seine Ma später bestimmt noch fragen würde, warum, aber er stand. Neben ihm sein ergebener Begleiter, der drinnen mit zugeguckt hatte.

Artur war megacool.

„Wie heißt Du noch mal. John?"

„Nein, Jens."

„Wie bist Du da? Auch mit Karre?"

„Ne, mit Rad. Gleich hier."

Artur ignorierte die Vier und fragte mich nur:

„Warte gerade, Vitali und Eduard und Johann kommen noch."

Mit diesen Worten drehte er sich zur Tür und wollte sie gerade wieder öffnen. Da ging die schmucklose Tür wie von selbst auf. Heraus kam eine ganze Truppe von Hobbyboxern bei Feierabendantritt. Artur hatte mit oder ohne Bedacht drei Namen genannt. Heraus kam sogar eine Fünfergruppe. Einer nickte Artur mit nach hinten gesenktem Fragekopf zu:

„Und, was vergessen?“

Artur kippte nur seitlich seinen Kopf zur linken Seite, um sich den lästigen Einsatz seines Zeigefingers zu ersparen. So wies sein kurz geneigter Kopf in die Richtung der Vierergruppe, die da gerade mit unverständlichen Wortfetzen und Ali an der Spitze verschwand.

„Wollten Schaffresser Stress machen?“

Vitali war es wohl, der es bei diesem Kommentar beließ.

Zugegeben: Ich nahm mit meinem Fahrrad eine andere Richtung als üblich.

Klein-Ali und Co. muss ich nicht freiwillig alleine begegnen.

Unvermeidlicher Ärger reicht mir eigentlich. Der kommt schon früh genug. Suchen muss ich ihn nicht. Eigentlich feige, der Gedanke. Oder klug? Aber wer war hier gerade eigentlich feige? Ich wohl kaum. Wer sich nur zu viert traut, hat´s nötig.

Mann gegen Mann nach Regeln gekämpft. Richtig. Das ist Boxen. Die können sich alle nicht richtig schlagen. Sich anlegen. Die Sache ordentlich austragen. Rechtzeitig aufhören. Meine Herrn: Clay gegen Liston, Liston ist verletzt. Der Kampf endet. Ali haut doch keinen blutenden Gegner kaputt. Klitschko schlägt keine Kinder. Sagte Ossie zu Artur. Ali schlägt keine Amateure. Sagte Mehmed. Und ohne Schiedsrichter geht gar nichts. Regeln und Schiedsrichter braucht der Mensch.

Ali, auch wenn´s dich gibt, ich bleibe beim Handball. Ich freue mich aufs Training morgen.

## Kapitel 4 Ein Ägypter und ein Cherusker

Was nutzt der Wecker, wenn du so müde bist, dass du wieder einschläfst? Die Zeit jedenfalls war knapp heute Morgen. Mama immer noch auf Auswärtstour. Butterbrot schmieren – das wäre ja noch schöner gewesen. Wozu gibt´s `ne Kantine, frag ich mich da. Doch da muss ich noch ganz schön in die Pedalen treten.

He, die Sonne scheint heute. Da sitzt sie. An der Fensterseite der Kantine. Also nicht wirklich krank. Fatimah. Was stand da bei Wikipedia? Tochter des Propheten. Mohammeds Tochter. Ich glaube, ich bin gerade auf Islamtrip. Erst Mehmed kennen gelernt, Ali fürchten gelernt und am besten Fatimah – ne, das wäre doch wohl ein bisschen zu viel – lieben gelernt. Klasse ist sie. Wie sie Pinks Vorzüge darstellen kann. Einfach, wie sie redet, wie sie drauf ist, klar, wie sie aussieht. Und so eine Verschüchterte oder Unterdrückte scheint sie wirklich nicht zu sein.

Die Sonne geht auf. Da sitzt sie. Allein. He, sie sieht mich. Sie winkt. Mehr Zurückwinken geht nicht, solange ich das Rad zum Ständer schiebe. Schnell abstellen, abschließen und dann rein in den Laden.

„Grüß dich."

„Hallo Metallmann."

Na, das ist ja seltsam. Aber warum nicht. Metallmann. Weiß sie meinen Namen wirklich nicht mehr?

„Soll ich dir noch etwas zum Frühstück bringen. Eine Tasse Kaffee? Ein Käsebrötchen? Ein Croissant? Metaller sind nette Leute."

„Danke. Ich bin schon fertig mit Essen. Klingelt ja auch gleich."

„Warte noch gerade."

Doch als ich die Schlange an der Kantinenkasse sah, sprach das Herz lauter als der leere Bauch. Ich gab meinen Kaffee und meine Brötchen vorerst auf. Ich drehte mich und setzte mich ihr gegenüber an einen der schmucklosen Tische, die an das abgenudelte Mobiliar in meinen Kindergartenzeiten erinnerten, nur eben gerade hoch genug, um an diesem hellen Morgen meine fast achtzehnjährigen Ellenbogen passend aufzunehmen.

„Du bist spät aufgestanden, heute."

Ist sie Wahrsagerin, oder was? Guckt die von gegenüber in mein Zimmer? Ach, du Schreck.

„Bleib ruhig. Wer so schwitzt, ist schnell gefahren."

„Ach so, ja, du hast recht. Ich habe heute Morgen verschlafen. Musste mich beeilen. Aber das hat sich ja gelohnt. Habe dich schon vermisst."

„Vermisst. Du meinst. Mich nicht gesehen, eine Woche lang."

„Ja, ich freue mich immer auf dich."

„Jetzt holst du wieder den Honig raus."

„Nein, nein, wirklich. Habe mich sogar schlau gemacht, wer Fatimah eigentlich ist."

„Die große Fatimah."

Ich wollte nichts falsch sagen.

„Die berühmte Fatimah. Die Tochter von Mohammed. Die Frau von Ali. Das war ja ein hartes Leben, was sie hatte."

„Du meinst, weil sie angegriffen wurde. Das ist schrecklich. Du kennst die Geschichte wirklich? Fragst du die einen, ist sie eine Heldin, fragst du die anderen, schütteln sie Kopf."

„Wer, die einen und die anderen?"

„Muslime sind genauso viele und so ein Haufen wie die Jesusleute. Gehst du nach Iran, ist Ali ein Held. Weißt, was Sunna und was Schia ist?"

„Nicht so richtig. Ich weiß nur, dass manchmal Muslime gegen Muslime kämpfen. Im Irak und so."

„Weißt Du. Dass die Leute in der Religion immer kämpfen wollen. Wofür eigentlich? Und Frauen werden nicht gefragt."

„Ganz ehrlich. So eine wie dich habe ich noch nicht kennengelernt."

„Du kennst nur Mädchen wie Yasemin."

„Welche Yasemin? Du meinst die Kleine neben dir, die auch mit dir im Bus fährt. Wohin fährst du eigentlich?"

„Gleich willst Du Handynummer. So geht das nicht. Ist auch Honig. Mit Honig fängst du Fliegen. Ich bin keine Fliege."

„Langsam, langsam, meine Fatimah."

„*Deine* Fatimah? Ich glaube, ich muss jetzt in die Klasse. Und du willst einen Kaffee. Wir sehen uns bei Pink, Abraham, Lessing und wie sagt ihr Sportjungs - Klitschko oder so."

„Es gibt bei uns einen neuen Favoriten. Das ist Muhammad Ali. Der Boxer. Der will genau, was du gerade gesagt hast. Nicht Kämpfe zwischen den Religionen. Sondern Gemeinschaft."

„Metallmann, pack deinen Honig ein. Ich bin nicht *deine* Fatimah. Ich bin Fatimah. Einfach Fatimah."

Gut, dass der Technologie-Schröder auch später kam. So konnte ich mein Brötchen noch schlingen und den Kaffeebecher passend zu seiner Ankunft unter dem Tisch platzieren. \`Pack den Honig ein!´ Was heißt das? Hör auf mit Komplimenten? Hat sie Angst, dass das mit uns was werden könnte? Was weiß sie außerdem von mir? Metallmann. Das Wort könnte aus irgend so einem C-Schinken mit ´ner schlechten Kopie von Bruce Willis stammen.

Die Konstruktionszeichnung in eine Rechnung übertragen. Mario war so lahm wie ich. Das hätten wir in einer halben Stunde schaffen können. Anderthalb gebraucht. Ich würde sagen, ich war mehr in der Kantine mit meinen Gedanken, bei einem schönen Gesicht, das unmissverständlich zu verstehen gab: Ich bin Fatimah. Einfach Fatimah.

„Meine Herren! Liebe Leute! Da steht noch einiges aus. Wer A sagt, muss auch B sagen. Wer unter A sagt, dass es da Helden am 11. September gab, der muss unter B sagen, wer da heldenhaft gewesen sein soll. Ich höre. Ich höre heute. Habe natürlich, wie sollte es anders sein, auch was mitgebracht. DVD-Material zum Tag, ein paar Folien. Ich höre. Sven-Erik, fängst du an?"

„Ganz klar. Wir haben bei der Freiwilligen Feuerwehr über den 11. September gesprochen. Unsere hauptberuflichen Kollegen der NYFD waren die Helden des Tages. NYFD? New York Fire Department. Sagen wir: Die New Yorker Feuerwehr. Die gingen in die Türme des World Trade Centers, als die längst brannten. Die holten noch eine Menge Leute heraus. Viele sind gestorben an dem Tag. Etliche steckten nämlich in den Türmen, als die zusammenbrachen. Nur wenige konnten lebend aus den Trümmern geborgen werden."

„Die wussten, was ihnen passieren könnte, als sie hineingingen?", vergewisserte sich Lessing.

„Klar. Die haben ja nicht das erste Mal mit gefährdeten Gebäuden zu tun gehabt. Kein Held war für mich der Bürgermeister von New York."

„Aber der Bürgermeister Giuliani war in den Wochen nach dem 11. September bei ganz vielen Trauerfeiern für Feuerwehrleute und hat die Leute in Amerika aufgerichtet. Wisst ihr das?"

„Herr Lessing! Der hat danach viele Leute ohne Maske und Ausrüstung in die giftigen Trümmer geschickt. Deshalb sind viele Leute bis heute krank oder schon tot."

„Du hast Recht. Das weiß ich auch. Also haben wir einen weiteren Vorschlag. Durch den wird es eng auf unserer Treppe. Wenn da die Feuerwehrleute von New York stehen sollen."

Vielleicht wusste ich es nicht mehr ganz genau. Aber ihre Rolle kam sogar in einem Film vor.

„Die Insassen des einen Flugzeugs haben doch gegen die Kidnapper gekämpft. Darüber gibt es einen Film“, versuchte ich die Heldenliste zu erweitern.

„Jens, was kannst du über die Situation dort an Bord sagen?“

„Die Passagiere haben wohl über Handy erfahren, dass zwei Maschinen in die Zwillingstürme gesteuert worden waren. Die begriffen, dass sie Teil einer großen Aktion sind. Die wussten, dass sie sterben werden. Sie wollten aber nicht als Waffe benutzt werden und haben dann die Highjacker angegriffen, damit...“

Mario ging mir vorauseilend ins Wort „...sie nicht in eine Stadt fliegen und noch mehr Leute sterben“.

„Genau“, bestätigte Lessing. „Die Vermutung ist, dass die Piloten vielleicht das Weiße Haus oder das Kapitol angreifen wollten. Waren das Helden?“

„Ich würde sagen, ja. Sie haben den Kampf nicht gesucht. Aber sie mussten kämpfen, weil keine andere Möglichkeit da war. Sie wollten Leben retten. Die haben gekämpft, ohne Waffen, ohne hinterhältige Pläne, ohne Verrat und Betrug wie die Terroristen. Ich würde sagen, das waren Helden. Die ihre Heldentat mit dem Tod bezahlen mussten.“

„Ich merke, unsere Treppe füllt sich. Obwohl wir nicht wissen, ob das in diesen Verfilmungen der Wahrheit rund um diesen größten Terroranschlag der modernen Geschichte entspricht. Nun möchte ich Teile einer Dokumentation zeigen. Sie ist vom deutschen „Spiegel“ gemacht. Da kommt auch ein Feuerwehrmann vor, der aus den Trümmern geborgen werden konnte. Vor allem geht es um die Attentäter. Seht selbst! Mario, legst Du bitte die DVD ein!“

Die Türme. Ein Flugzeug rast herbei. Schlägt ein. Staubwolken brechen aus mittelhohen Etagen aus. Menschen stürzen sich aus den Fenstern. Die Kameras fangen dann auch den Boden ein. Fahrzeuglärm ist unterlegt. Das Heulen der New Yorker Rettungsfahrzeuge wird abgelöst von einer Frauenstimme. Eine Stewardess soll da aus einem der Passagierflugzeuge reden. Geredet haben. Stimmen aus einem Polizeihubschrauber künden dramatisch vom Einsturz des ersten Turmes. Ein Kommentator erklärt uns, wann genau Einschläge und Einstürze der beiden Türme des World Centers diesen Morgen des elften September 2001 in Manhattan zu einem Tag der Geschichte machten, der uns jetzt vor den Bildschirm lockt.

Menschen unter Asche erklären mit wirrem Blick, was da wohl passiert sein könnte. Dass sie noch auf jemanden warten, der aber einfach nicht kommt. Ein Amateurkameramann blickt mit seinem Gerät durch die Seitenstraße auf das World Trade Center zu, als die Schutt-, Druck- und Staubwalze auf ihn zurollt und er sich noch hinter einem Auto in Sicherheit bringen kann. Das Chaos dieses Tages endet in den Bildern von Ruinen mitten in der New Yorker Hochzivilisation.

Wer den Weg der Attentäter verstehen will, geht mit den Bildern und Dokumenten nach Hamburg und sogar zurück nach Ägypten. Mohammed Atta wird uns vorgestellt als zurückhaltender Junge, der mit Schwester und Eltern in Ägypten groß wird. Sein Vater ist Anwalt. Er studiert Architektur in seinem Heimatland. Geht nach Hamburg. Wird Student in Hamburg-Harburg, der sich auch mit Städtebau und Städteplanung befasst. Jobbt in einem Architekturbüro, wo er neben dem Studium Stadtpläne koloriert.

Mohammed Atta lernt an der Al Kuds Moschee in Hamburg dann einige Mitstreiter kennen. Marwan Al Schehi und Ziad Jarrah feiern mit ihm und einigen Kampfgefährten bei einer Hochzeit. Dieses Home-Video zeigt allerdings nur Männer beim großen Lob auf den Dschihad, auch einen, der als Rekrutierer für Al

Kaida in Europa gilt und einen deutsch-syrischen Geschäftsmann, dem längst viele Verbindungen und Kontobewegungen zwischen Al Kaida-Zellen in Deutschland und Spanien nachgewiesen sind.

In Deutschland meint ein ehemaliger Kollege in der Hamburger Firma, seit einer Mekka-Reise sei Mohammad Atta noch ernster geworden. Der Hochschul-Lehrer bemerkte bei der Abschlussprüfung, wie Atta der beteiligten Kollegin keine Hand reichen wollte. Mietverträge mit dem damals übersehenen arabischen Gruß, der an das Gästehaus von Osama Bin Laden in Afghanistan erinnert, lassen sich in Hamburg im Nachhinein anschauen.

Was für eine Geschichte, denke ich. Wir Deutschen stecken da voll drin. Wir haben nichts geahnt, weil wir so etwas nicht für möglich hielten. Dachte ich. Dachte auch ein Hamburger Verfassungsschützer.

Aber der Weg zu `Nine-Eleven´ führt irgendwann über den großen Teich. In den USA besuchen sie, die drei bekannten Piloten, Flugschulen. Hani Hanjour ist wohl Pilot Nummer vier. Einzelne Terroranwärter fallen auf, weil sie sich besonders für das Navigieren, für Drehen und Wenden, besonders das Kurven-Fliegen, aber nicht für das Starten und Landen interessieren. Anonyme Unterkünfte werden in Florida vor allem angemietet, Autos, in denen sich noch Notizreste Beteiligter gefunden haben sollen. Mohammed Atta soll es gewesen sein, der bis zum August 2001 seine Crews zusammengesucht und zusammengestellt haben soll. Sie besuchen Fitnessstudios. Ein Bert Rodriguez zeigt ihnen ohne Bedenken, wie bei solchen Kampfkursen wohl üblich, wie man in Sekunden einen Menschen töten kann, mit bloßen Händen.

Sie stehen vor Geldautomaten, deren Kameras ihre Gesichter zum Teil noch am Abend vor der Tat festgehalten haben. Atta ist ernst, aber wissen seine heiteren Begleiter, welchen Dienst für Allah sie am 11. September nach seinen Vorgaben verrichten sollen? Atta wird am Vortag noch von der Kamera eines Kaufhauses aufgezeichnet, niemand weiß, was er dort eingekauft hat.

Der Tag kommt. Ein Begleitbuch soll in seinem Gepäck gefunden worden sein. Wie die Flugsimulationsprogramme in afghanischen Terror-Ausbildungscamps gefunden worden sein sollen. `Nie wirst du Allah näher sein als dann. Genieße den Flug. Denn es ist ein Flug zu Allah. Wasche dich am Abend vor deiner großen Tat. Du wirst es tun. Es ist Allahs Wille.´

Die Ausschnitte enden mit einer Menge an Fragen bei uns Metallern: Wieso laufen noch Leute in Deutschland frei herum, die zu den Mitwissern und Mitorganisatoren des 11. September gehören? Wieso bewegen sich Menschen durch Deutschland, die offensichtlich die Attentäter mit Geld versorgt haben für ihre Wohnungen, Flugstunden, Kurse, Leihautos, Pilotensoftware und eigentlich den ganzen Lebensunterhalt?

Wir schüttelten uns. Wenn nur die Hälfte der Angaben stimmt, dann haben wohl 19 oder 21 junge Leute, zum großen Teil mit einem Pass von Saudi-Arabien versehen, mit Mohammed Atta als ausführendem Chef an der Spitze das Zentrum der Vereinigten Staaten von Amerika angegriffen. Sie haben blutige Geschichte geschrieben. Und Deutschland war der Vorbereitungsraum. Auch wenn ihr Geld aus Emiraten oder anderswo herkam.

Ganz schön viel Stoff am Morgen. Wer nun dachte, Lessing hat ein schlechtes Gedächtnis oder liebt nur brave Geschichten, der hatte sich geirrt.

„Ali. Mehmed und Jens haben uns von Muhammad Ali erzählt. Der gesagt hat, das waren Mörder, keine Muslime. Du hast mal so dazwischen gesagt: `Ein Held muss den Bösen was auf die Fresse geben, oder so ähnlich´. Du meintest, die Piloten vom 11. September hätten das gemacht. Hätten es Bush gegeben. Sind das für dich Helden?"

„Kein Stress! Warum ich. Können Sie andere fragen."

„Nein, Ali, ich denke, du hast das schon so gemeint. Sind das für dich Helden?"

„Bush ist doch ein Lügner. Der will Öl. Der will nach Afghanistan, nach Irak und macht Geschichte."

„Sicher kennt ihr Zweifel an dieser Geschichte. Wir wissen nämlich noch längst nicht alles über diesen Tag. Wer hat Michael Moore gesehen oder etwas anderes?"

„Familie Bush und Familie Bin Laden haben Geschäfte gemacht. Und von so einem Film im Internet weiß ich: Ein Geschäftsmann hat das Haus versichert. Ein paar Wochen davor", steuerte Mehmed bei.

„Das habe ich auch in einer Reportage gesehen", sagte Lessing.

„Und jetzt meinen einige, mächtige und gierige Leute hätten das World Trade Center selbst angegriffen. Das macht doch keinen Sinn. Die Piloten gibt es doch wirklich. Die haben sich vorbereitet. Es gibt so viele Zeugen. In Deutschland und Amerika. Glaubwürdige Zeugen."

„Ja, aber einige leben. Sagen einige. Ohne die wirklich zu zeigen. Was mit diesem Flugzeug auf dem Feld passiert ist, weiß niemand. Das Loch ist viel zu klein. Und da lag wenig Schrott."

Viktor zeigte sich höchst konzentriert und engagiert und versuchte anzuschließen:

„Das Loch, wie heißt dieses Haus in Amerika, der Minister und der Soldaten?"

„Pentagon, das Verteidigungsministerium", assistierte Lessing mit gewohnter Wachheit.

„Das Loch in diesem Pentagon war viel zu klein für ein großes Flugzeug mit Passagieren. Da lag eine Turbine, die keine Firma kannte. Das Metall konnte nicht so verbrennen. Bei einem benachbarten Hotel hat das FBI sofort die Filme aus den Kameras geholt."

„Was sagt uns das nun?", zeigte sich Lessing hartnäckig.

„Amerika steckt da auch drin. Die erzählen noch nicht die ganze Wahrheit. Im Bürohaus, im World Trade Center gab es Explosionen. Sagen viele Zeugen. Reporter. Sogar Feuerwehrleute. Aber die durften dann ja nicht mehr alles erzählen. Wie fielen denn auch die Türme zusammen? Fast wie einem gezielten Abriss, den die Profis wollen. Was geschah mit den Nebengebäuden?"

Mehmed schaute sich um, ob ihm jemand widersprechen wollte.

„Vielleicht muss Obama nicht nur die Wirtschaft retten, für mehr Frieden in der Welt sorgen, sondern auch diesen Dreck und diese Lügen aufdecken: Was war wirklich am 11. September? Wusste der Geheimdienst von den Plänen und hat die Piloten machen lassen und noch Sprengungen angebracht? Waren da Piloten im Flugzeug, die Amerika angreifen wollten für Allah, die Freiheit oder für oder gegen irgendetwas? Waren da außerdem Gangster in den USA, die an dem Tag noch verdient haben und auch Krieg wollten, weil der wieder Geld bringt?"

„Waren mutig. Waren schlau. Kannst sonst nicht fliegen. Amerika macht, was es will. Jetzt hält Bush die Klappe."

„So, Ali, also doch. Für dich sind das Helden? Und die Toten? Und die Feuerwehrleute? Im World Trade Center waren Amerikaner, Engländer, Leute aus vielen Ländern. Aus vielen Religionen. Christen, Juden, Muslime. Helden?"

„Helden kämpfen. Die haben gekämpft. Haben ihr Leben gegeben."

Nun war wieder so eine Pause, die jedes Weitermachen in der Schule in Frage stellt. So, als Johann vor ein paar Monaten erzählte, dass seine Mutter verunglückt war. Ja, solche eine Meldung und solche Sekunden waren das. Wie geht es jetzt weiter? Meldet Lessing Ali bei der Polizei? Quatsch! Verhören wir FBI und CIA? Erzählen uns Cheney und Bush junior endlich, was sie verantworten müssten? Besuchen wir Bin Laden, wenn er denn noch lebt, in den Bergen von Pakistan? Können wir aber darüber hinweggehen, dass einer Attentäter toll findet? Was findet der bloß toll an denen? Hat er in der Reportage übersehen, dass der eine Pilot, bevor er dann angeblich von zweiundsiebzig oder siebzig zarten Jungfrauen verwöhnt wird, noch mal zum Lapdance geht oder Marwan Al Schehi in einem Nachtclub mal eben Tausend Dollar in einer halben Stunde mit Saufen auf den Kopf haut? Ist das ein Held für Allah? Oder für Ali?

„Weißt Du was, Ali? Denk an Muhammad Ali. Der ist Moslem und Amerikaner. Der hat die Piloten verurteilt. Der kennt Kraft. Aber der kennt den Unterschied zwischen Gewalt und Kraft. Gewalt ist blind. Gewalt ist oft der Freund der Dummheit. Kraft kennt Regeln. Ali kennt Regeln. Ali sagt: Gott und Krieg passen nicht zusammen. Bei Muslimen nicht und bei Christen nicht. Bei Juden nicht und bei Buddhisten nicht."

„Herr Lessing, kommen Sie jetzt wieder mit ihrem Ring?", holte Mario uns schnell wieder auf den Klassenboden zurück und versuchte, eine Kurve in seine Richtung zu fliegen.

„Lassen wir mal diesen Mohammed Atta. Ich kenne einen deutschen Helden. Den kenne ich von den Freunden der Heimat."

„Freunde der Heimat?", zeigte sich Lessing ehrlich überrascht und interessiert. Und diese Kombination zeichnete unseren Deutsch-Guru immer aus.

An allem interessiert. Weiß viel. Gibt zu, wenn wir mal was genauer wissen. Was aber fast nur bei Metallbearbeitung vorkommt. Weil er ein Wahnsinnsallgemeinwissen hat. Geht den Dingen auf den Grund. Ist immer neugierig. Besser noch als dieser alte Bücher-Mann Kohle-Ra..., nein Reich-Ranicki im Fernsehen. Lessing taugt für das Fernsehen. Ja, der moderiert - eigentlich klasse.

„Ja, so nennen die sich. Gibt es gleich nebenan. Ich war schon auf Wochenenden mit. Manchmal erzählt einer was, machen die so Vorträge. In 'Schulzes Klause' oder sonst wo. Da haben wir einen deutschen Helden besprochen. Da können wir drüber reden!"

Ich dachte, ich würde Mario so ein bisschen kennen. Aber das jetzt? War der etwa bei diesen Glatzenschlichtis, die sich in Westfalen, Niedersachsen, Sachsen, Thüringen, Bayern oder sonst wo lieber so brav nennen und dann auf die Nazi-Kacke hauen? Das darf ja doch wohl nicht wahr sein.

„Mario, komm erzähl, aber sag' endlich, wer dein Held sein soll."

„Ja, was heißt hier mein Held. Ich erzähl ja nur. Immerhin ein deutscher Held. Hermann heißt der."

Nun zündete es bei Lessing.

„Du meinst Hermann den Cherusker? Okay. Den kennen vielleicht einige von Euch. Erzähl!"

„Also. Ich hoffe, das stimmt so. Die Römer waren damals die Mächtigen in der Welt. Jedenfalls in vielen Ländern. Die saßen auch schon am Rhein. Da bauten sie Brücken. Da hatten sie Soldaten und auch manche Dinge wie Wasserleitungen und so etwas. Dann kam der Hermann. Der hatte erst bei den Römern als

Soldat gelernt. Und dann hat er die Germanen zusammengetrommelt und die Römer besiegt. Das war..."

„Das war 9 nach Christus. Das war die so genannte..."

Da nahm Mario Lessing den Ball wieder aus der Hand:

„Schlacht am Teutoburger Wald. Das hat ein Römer aufgeschrieben. Der hieß – nicht Cäsar."

„Tacitus war das. Der lebte einige Zeit nach dieser Schlacht. Aber der kannte die Unterlagen der römischen Militärführer. Aber am Rhein saß ein Römer, Paterculus Velleius, der hat auch ein paar Dinge zu dieser Schlacht aufgeschrieben."

Lessing beeindruckte mal wieder. Kennt da Römer aus der zweiten Reihe! Respekt, Herr Lessing.

„Stimmt das", hakte Sven-Erik nach, „dass die Germanen gar nicht richtig schreiben konnten?"

Mario schaute lieber gleich zu Lessing herüber und passte an dieser Stelle besser.

„Die konnten nicht schreiben, nur wenige jedenfalls. Hermann war übrigens eine Geisel, wohl vom Rand des Sauerlandes. Die Römer zogen den groß. Er lernte viel. Und auch die Kriegstechnik der Römer. Sein Vater war wohl ein Anführer der Cherusker, also eines Germanenstammes. Der Name Hermann ist übrigens eine deutsche Übersetzung oder Übertragung. Luther hat den Hermann genannt. Arminius wäre der römische Name."

„Wie Arminia Bielefeld", ergänzte Mario und wollte als Borusse nicht wirklich Partei für den Bundesligisten aus der Stadt ergreifen, die es ja gar nicht gibt.

„Genau", sponn Lessing die Fäden für uns. „Der Teutoburger Wald liegt bei Bielefeld. In der Nähe von Osnabrück bei Kalkriese erinnert ein Museum an diese Schlacht, ob sie nun genau da stattgefunden hat oder nicht. Da wurden jedenfalls Münzen, Offiziersmaske oder andere Teile gefunden. Ich war da schon."

„Mario, du sagst, diese `Freunde der Heimat´ hätten den als großen Helden dargestellt“, fand ich, dass er mit seiner Geschichte noch nicht durch war.

„Ja, der Hermann oder Arminius hat ja ein paar Tage gegen die Römer gekämpft. Die kannten nur ihre Schlachtordnung. Aber die Germanen haben schließlich unser Land verteidigt?“

„Unser Land?“, wiederholte Lessing.

„Ja, Germanien ist doch Deutschland, oder?“

„Na ja, die Germanen lebten natürlich hier, wo heute Deutschland ist. Marser, Friesen, Langobarden, Cherusker oder Teutonen.“

„Was für Tiere?“, unterstrich Silvio sein Erstaunen.

„So hießen die Völker. Oder ein paar von ihnen. Manche Germanenführer herrschten nur über 1000 oder 2000 Leute. Viele Namen kennen wir gar nicht mehr. Wie gesagt: Die sangen Lieder von alten Göttern und Helden und schrieben nichts auf. Die Römer schrieben. Wer schreibt, der bleibt!“

Und weil er sich nun bei seiner Liebe zur Geschichte gepackt fühlte, musste Lessing noch eine Sache einschieben:

„Und wisst ihr, welche Haarfarbe die Germanenvölker und –völkchen alle gehabt haben sollen? Wie die Römer, Leute wie Tacitus das aufgeschrieben haben?“

„Blond, nehme an. Groß und blond. Das wissen wir doch. Das kam da auch vor, bei den Freunden“, bemerkte Mario.

„Tut mir leid. Das stimmt nicht. Deine Freunde der Heimat müssen wohl mehr bei Adolf als bei Tacitus nachgeguckt haben. Die Germanen sollen rothaarig gewesen sein.“

Mario drohte schon, sich einem gewissen Frust hinzugeben. Wir anderen ließen es bei einem kleinen Lachen. Beim Thema Hitler war Lessing sowieso ziemlich cool und geschickt drauf. Sein bester Spruch war: `Da kommt ein kleiner Österreicher aus Familie Schicklgruber, könnte als Sizilianer durchgehen und erzählt uns was von großen, blonden, nordischen, tollen Herrenmenschen. Eigentlich ein Witz, oder?′ Auch dieser Schlenker saß. Die Germanen waren rothaarig. Sind wir doch alle Iren oder was?

„Mario, nun komm zum Ziel!“ Viktor verlor die Geduld und nestelte an seinem Heftordner.

„Dieser Hermann hat in dieser Schlacht die Römer besiegt. Drei Legionen verloren die dabei. Rom kam nicht bis nach Osten, Ostgermanien oder wie auch immer. Herrmann war ein deutscher Held, okay, meinetwegen mit roten Haaren. Ein Punk aber bestimmt nicht.“

„Gut. Nehmen wir mal probeweise Hermann auf unsere Treppe. Einspruch?“

So ein wenig wusste ich auch von der Geschichte. Manchmal muss man in der Penne ja wenig als viel verkaufen.

„Die Römer waren doch nicht weg. Die kamen wieder. Der Hermann hat doch gar nicht gewonnen. Meine ich.“

„Gewinnen Helden denn immer? Aber du hast Recht. Ein Germanicus, siebenundzwanzig Jahre alt, war ein paar Jahre später der römische Feldherr. Varus war ja bei dieser ersten Schlacht als römischer Feldherr gestorben. Der Kaiser Augustus war in Aufruhr. Die Römer kamen wieder und haben dann in Westfalen und Niedersachsen – so heißt das heute ja bei uns - ein echtes Blutbad angerichtet. Die haben gefoltert. Zerteilt und unterworfen. Die haben sich schrecklich gerächt. Für die Germanen war wieder Hermann der Anführer. Wieder floss viel römisches und viel germanisches Blut. Hermann konnte gerade noch fliehen. Er wurde ein paar Jahre später getötet. Ob von eigenen Verwandten oder im Auftrage Roms, das bleibt ein Geheimnis.“

„Wie die Frage, wer den 11. September außer den Piloten noch zu so einem schrecklichen Tag und Kriegsgrund gemacht hat.“

Ich denke, so positiv überrascht hatte mich Lessing nie vorher angeguckt.

„Ja, könnte man sagen. Was haben wir gelernt? Ein Ägypter greift New York an. Einer, der auch in Deutschland studiert und in den USA fliegen gelernt hat. Dann wird er Terrorist. Ein Cherusker lernt bei den Römern Kriegsführung und greift sie dann selbst an. Und was kommt heraus?"

„Was mein Opa mir gesagt hat: Wer verdient schon den Namen `Großer´ in der Geschichte? An den meisten Händen klebt zu viel Blut."

„Super. Vielleicht können wir Deinen Opa dazu mal ins Interview nehmen. Als die Römer beim Rachefeldzug ihre Toten endlich beerdigen und ihre Feldzeichen zurückbringen wollten, da waren da immer noch eine Menge Tote. Also am Teutoburger Wald. Irgendwo da am Teutoburger Wald. Aber sie konnten gar nicht mehr in jedem Falle erkennen: Wer war ein Germane, wer ein Römer? Der Tod macht sie alle gleich. Wie im Schutt vom World Trade Center. Christen, Juden, Muslime, fast dreitausend Tote da in den Türmen. Soll man da Feldherren oder Piloten oder Anführer als Helden bezeichnen?"

Ali wollte offensichtlich nicht mehr das Wort ergreifen. Es war zu offensichtlich, dass keiner seine Terrorpiloten und auch keinen Mohammed Atta als Helden wollte. Auch ein Germane konnte uns nicht wirklich überzeugen.

Mehmed nahm sich die Schlussbotschaft:

„Leute, für mich ist Ali der Größte. Muhammad Ali. Der ging nicht nach Vietnam in einen bösen Krieg. Heute will er Frieden zwischen den Religionen. Ali ist unser Mann. Leben ist Kampf. Aber Gottes Leute kämpfen nach Regeln – und mit Liebe."

Vom Klingeln überrascht. Gerade noch Zeit, ein paar Leute anzusprechen, ob sie auch am Samstagabend zur Fete am Scholl gehen. Bassie hat mich gefragt. Und ein paar von uns werden die Meter rüber in die heiligen Hallen des Scholl schon übers Herz bringen. Wär′ eigentlich super, wenn Fatimah auch käme. Aber nein. Metallmann soll Honig einpacken. Da werde ich doch nicht wieder zu übermütig und kriege ′ne leicht gelbe Karte.

Nebenbei: Die vom Scholl könnten mal sagen, was die so rausgekriegt haben. Die müssen sich schon ziemlich ins Zeug legen, um unseren Ali noch vom Thron zu schubsen. Nur der andere Ali macht mir Sorgen. Sehen so die nächsten Azubis von Al Kaida aus? Bin Ladens Jünger aus unserer Berufsschule? Germany′s next top terrorist aus unserer Penne? Könnte mir bessere Überschriften vorstellen. Und Lessing dürfen wir nicht vergessen. Der hängt sich echt rein. Toll seine Idee. Und die Geschichte vom alten Lessing mit dem Ring, die müssen wir irgendwann auch noch mal angucken.

## Kapitel 5 Aufgemischt und abgebrochen

Ich dachte, ich breche ab. Was mein Opa da für unglaubliche Liebestöter auf sein Wäschegestell hängte! Unterhosen, die ein Elefant gerade so ausgefüllt hätte. Ausgelatscht. So sexy wie ein Müllbeutel. Am liebsten hätte ich ihn gefragt, ob er die noch aus dem Zweiten Weltkrieg gerettet hätte. Aber Opa hatte mich ja neulich gerade schlau gemacht. Er war nur ein Kind während der Hitlerzeit. Noch ein Knirps, der sich das mit angucken musste. Also nicht übertreiben mit dem Griff und dem tapsigen Tritt in die Fettnäpfchen der Geschichte.

„Opa, ich wusste gar nicht, was für scharfe Sachen du trägst. Das schwimmt überhaupt nicht mit der Mode. Bärenstark! Muss man Charakter haben für solche Geräte!"

„Hallo, Jens. Komm rein! Finde ich auch. Damit müsste ich wirklich die Ladies wild machen können!"

Ich muss ihn fragend-verständnislos angeschaut haben. So gab ich ihm Grund zum Lachen und einen kleinen Triumph in Sachen Coolness.

„Mensch, Jens. Die sind vom Hermann."

„Hermann? – auch noch von den Germanen, den Cheruskern durch die Zeiten gerettet?"

Nun lachten wir beide.

„Hermann ist doch mein Nachbar."

„Klar, wusste ich nicht mehr. Für den du die Papiere machst. Dann sind das seine..."

„Ladylocker. Hermann versucht das sogar noch."

„Das Waschen?"

„Nein, das Ladylocken. Manchmal geht er so auf den Balkon. In diesem Kostüm. Als würden die grauen Damen ihm voller Begeisterung hoch winken."

„Und du machst dem jetzt die Wäsche?“

„Klar. Der hat keine Verwandten. Noch geht alles ohne Heim. Ich wasche seine Sachen aber ehrlich gesagt immer extra. Also so eine richtige WG werden Hermann und ich wohl nicht werden.“

„Opa. Als wir neulich über Helden gesprochen haben, hast du mir von dem Jungen und der Frau mit den Äpfeln erzählt. Danach habe ich gedacht: Du bist auch irgendwie ein Held.“

„Ist ja schön, Junge, aber das ist wohl ein Witz. Das ist doch selbstverständlich, dass man das macht für einen Nachbarn, wenn es dem hilft.“

„Aber das machen doch wirklich nicht alle. Übrigens: Unsere Favoriten für das Heldentreppchen sind bisher Pink, so ein bisschen jedenfalls, aber vor allem Muhammad Ali. Ach ja, und Hermann wollten wir nicht. Ich habe sogar dich zitiert. Nicht alle großen Leute verdienen es, `der Große´ genannt zu werden. Weil oft so viel Blut an ihren Händen klebt.“

Opa freute sich sichtlich. Dass ich ihm genau zugehört hatte, ihn sogar mit seiner Meinung wie eine Autorität in den Unterricht eingebracht hatte.

„Also Ali finde ich gut. Der war damals eine Berühmtheit. Die Leute standen morgens früh auf und guckten seine Kämpfe vor der Arbeit. Der war auch der Schnellste nach dem 11. September.“

„Sag´ bloß, du weißt das. Ich habe dazu mit Mehmed ein Referat gemacht für den Lessing. Ali hat nach diesen Anschlägen gesagt...“

„Warte, ich versuche... Das stand da in der Zeitung. Bei uns hat das sogar der Pastor am Sonntag danach zitiert: `Das waren keine Muslime, sondern Mörder. Mörder sollen sich nie auf den Koran berufen.´ Alle haben danach gewartet, was die Muslime zu diesen Terrorleuten sagen. Aber alle schwiegen. Auch in Deutschland. Jedenfalls bis Weihnachten, sechs oder sieben

Jahre danach. Aber der Ali hat geredet. Gleich geredet. Klar geredet. Ein großer Mann."

„Opa, du kannst darauf wetten. Wir setzen uns für Ali ein. Der hat es verdient."

„Weißt Du, warum der nicht nach Vietnam gegangen ist?"

„Ja, der wurde zu Gefängnis verurteilt. Aber kam gegen Kaution frei, damit er nicht in den Knast musste bis zum Prozessbeginn. Der wollte nicht kämpfen."

„Der hat gesagt. Wieder so ungefähr: Kein Vietnamese hat mich je Nigger genannt. Warum sollte ich denen was tun? Aber für ein Land kämpfen, das die Schwarzen noch nicht wie volle Menschen behandelt?"

„Den Satz kannte ich nicht. Was war da eigentlich in Vietnam?"

„Die Amis haben da Agent Orange, ein Unkrautvernichtungsmittel und andere Gifte eingesetzt und Brandbomben, wie verrückt. Die wollten den Urwald entlauben, damit sie ihre Feinde sehen. Und gehörten da nicht hin, die Amis. Angeblich war das gegen die Kommunisten und für die Freiheit. Ihre große Tat der Freiheit haben die Amis aber wirklich zwanzig Jahre vor Vietnam getan, als sie Berlin versorgt haben. Also: Die Amis sind mehr als Vietnam und das Elend von George Bush. Ali ist ja auch Ami. Mit Rückgrat."

„Ein Grund mehr, Respekt vor dem Ali zu haben. Vor diesem Ali. Wir haben da so einen Typen in der Klasse, der macht nur Scheiß, provoziert, vielleicht habe ich den bei einem Raub gesehen, der hat neulich Stress im Boxstall gemacht. Auch ein Ali."

„Alis gibt es bestimmt mehr. Hermanns gibt´s auch mehr. So, das ist die letzte Traumhose. Ich weiß auf jeden Fall, was ich meinem Nachbarn zu Weihnachten schenken sollte."

Unsere Gesichter entspannten sich wieder zu einem vergnügten Lachen.

„Mir ist übrigens noch ein Held eingefallen."

„Bin ganz Ohr, Opa."

„Obama ist ein Held."

„Wie, der hat ja erst angefangen? Gleich am Anfang ein paar Minister entlassen müssen. Ein Held? Und ob der dieses Geldchaos in den Griff kriegt?"

„Na ja, du weißt, wir reden ja eher von positiven Leuten, von Vorbildern. Helden in Anführungszeichen. Ich finde das stark. Was der alleine für eine Lebensgeschichte hat. Mama weiß. Papa aus Kenia. Stiefvater aus Indonesien. Großeltern auf Hawaii."

„Aber wegen der Familie ist doch keiner ein Held?"

„Nein, aber er ist ja für die meisten ein Schwarzer. Weil er mehr dunkel als hell ist. Der studiert. Leitet so eine Fachzeitung für Juristen. Arbeitet als Sozialarbeiter für eine Kirchengemeinde, wenn ich das richtig verstanden habe. Ist also erfolgreich und kennt die Probleme der kleinen und normalen Leute. Geht in die Politik und steigt auf. Nicht so ein Kind reicher Leute wie Bush junior. Was der Obama schon bewegt hat, das ist toll! Die Leute haben wenigstens wieder ein bisschen Hoffnung. Durch ihn. Wenn ihn kein Verrückter abknallt."

„Okay. Der hat ja auch viel Mist hinterlassen bekommen."

„Das kannst du laut sagen. Ich möchte das nicht. Natürlich könnte ich das auch nicht. Der muss die Finanzen, die Wirtschaft, die Außenpolitik und..."

„Jetzt redest du wie der Lessing!"

„Lessing?"

„Ja, das ist unser Deutsch-Lehrer. Der kennt sich auch aus in der Welt. Der hat diesen Wettbewerb ja angeleiert."

„Jetzt lauf aber nicht nächste Woche in die Schule und sag: Mein Opa hat gesagt..."

Toll, wie gut man mit Opa lachen kann. Eigentlich ist er wie mein besserer Papi. Nur Handballspielen kann er nicht.

Aber auch an einem Samstag, gerade an einem Samstag gibt´s viel zu tun. Wir aßen, was mein starker Großvater fabriziert hatte. Ich fragte ihn noch, was er früher mit kleinen Schmetterlingen im Bauch gemacht hat. Verweigerte ihm zu dem Thema aber weitere Auskünfte, wie ich ihm auch von Jenny nichts erzählt hatte und freute mich über diesen tollen Coach. Ali is the greatest? Oder doch mein Grandpa?

„Ich danke mal wieder meinem Tim Mälzer. Wirklich, vielen Dank! Habe heute Nachmittag ein Spiel. Muss besser laufen als im Hinspiel. Und dann gehen wir noch ins Scholl. Da legen ein paar Lehrer auf."

„Scholl. Das ist doch das Gymnasium bei dir nebenan, oder?"

„Genau. Da bin ich bis... Schau´n mer mal. Tschüss!"

„Tschüss. Und grüß deine Mama, wenn du sie siehst!"

Gut, dass ich ein paar Leute vom Scholl kenne.

„Eintritt ab 24.00 Uhr auch für `Schulfremde´. Unkostenbeitrag ab Mitternacht erbeten." Was für ein Plakat! Schulfremde. Bin ich das auch? Außerdem ist das doch ein Eintrittspreis. Soll man das auch so nennen, finde ich. Aber das ist ja noch nicht mein Thema. Neun Uhr hatte Bassie gesagt. Am Eingang. Jetzt ist es zwanzig nach. Bassie mal wieder. So pünktlich wie ein Kater. Mal kommt er nach Haus in der Nacht, mal nicht, mal früh, mal spät.

„Kennst mich ja. Bin von nebenan. Wollte mit Bassie rein." Dachte ich, würde als Eintrittssatz reichen.

Ich kann nicht sagen, dass ich ihn wirklich kannte, wie er da mit feschem Oberhemd und einem undefinierbaren Frisurenmix aus Prinz Eisenherz und Tom Cruise an der Tür wachte.

„Ja, ja. Bassie ist so ein Fall für sich. Okay. Komm rein. Hier, ein Stempel."

Für so eine ehrenwerte Schule ein Schweinchenstempel auf den Handrücken – ist ja wie in der Grundschule oder im Kindergarten. Aber warum nicht. Nun gut.

„Wir lassen die Sau raus" stand auf dem ersten Self-made-Plakat an der Eingangstür.

„Die Security kommt erst um zehn. So lange machen wir den Einlass selbst." – Gab mir der Typ am Eingang noch als Erklärung.

„Wird schon klappen."

Immerhin. Ich war reingekommen. Ohne Diskussion. Dieses Abchecken ist manchmal so erniedrigend wie beim Palace, wo sie nach Kleidung, Hautfarbe, Haarausstattung und was weiß ich was gucken, bevor sie reinlassen. Selbst beim Alkoholpegel vergaloppieren die sich manchmal ganz schön heftig. Okay, aber das Scholl ist auf für mich.

„Guck dir da die Tussies an! Sind bestimmt so Friseurmädels oder Kosmetik-Kids."

Seine Stimme war so herablassend und gespielt empört, dass er mich so schnell bestimmt nicht in sein Scholl-Türsteher-Boot holen wird, dachte ich. Dann allerdings drehte ich mich um und wusste nicht, ob ich jubilieren oder erst meinen Kloß im Hals runterschlucken sollte. Fatimah rückte an. Fatimah schwebte an. Noch fescher als sonst, neben sich die kleine Begleiterin von dem Tag, als wir uns zum ersten Mal gesprochen hatten.

„Hier kommt aber nicht jeder rein. Ist ja ein Scholl-Fest."

„Das wissen wir."

„Eigentlich hat hier jeder eine Einladung. Das Fest ist für die Abi-Kasse. Für Leute vom Scholl. Und für Freunde. Ich glaube, ihr gehört hier nicht hin."

„Was bist du denn für einer? Bist du der King?"

Das war Fatimah. Klar. Direkt. Geradeaus.

Erst da zog Fatimah ihre ganze Konzentration von dem Einlasser oder Nichteinlasser ab und schaute zur Seite. Ihre Begleiterin war bis jetzt stumm geblieben. Nur ihr Gesicht zeigte ein gewisses Maß an Zorn.

„Hallo Metallmann! Ist das dein Freund? Schlechter Freund!"

„Hallo Fatimah! Der ist vom Scholl."

„Wenn die hier so dumm sind, will ich gar nicht rein."

„He, he, he", ereiferte sich der Meister des Pfortendienstes, dem offensichtlich das Rausschmeißen schon vor dem Hineinlassen gelingen sollte.

Nun galt es, da nicht zerrieben zu werden.

„Also, die Ladies sind okay. Die sind wie ich nebenan an der Berufsschule. Die Ladies sind nicht nur in Ordnung, die sind schwer in Ordnung. Die gehören zu mir."

Ich schaute von Gesicht zu Gesicht, zu seiner noch undurchschaubaren Miene, blickte zu Fati und Freundin, suchte vergeblich nach Zeichen der Abregung und Entspannung, als ein fröhlicher Kerl, vielleicht auch aus einer Zwölf, unsere unbefriedigende Runde veränderte.

„Hereinspaziert, die Damen, der Herr. Bitte der Musik nach links folgen. Das Live-Programm, sagen wir, das Auflegen der Lehrer-DJs beginnt erst um 23.00 Uhr. Soll ich dir helfen, Thommy?"

So geht es auch. Dachte ich. Wieder so ein Fragezeichen hinter Scholl und den Schollis. Friseurmädels oder Kosmetik-Kids! Ist er was Besseres? Hält er sich schon für einen aus der Vorstandsetage? Herr und Sklavinnen, Chefs und Untergebene? Ist das die Welt, die sich in seinem Kopf teilt? Der hat doch einen Sprung in der Schüssel! Wahrscheinlich hält er sich schon für die Elite. Hat nur noch nicht gemerkt, dass zu Elite auch ein Benehmen gehört. Einbildung ist auch eine Bildung. Wo gehen hier die Affen zur Schule! Bei uns oder beim Scholl?

Thommy, wie der fröhliche Kerl den Türsteher genannt hatte, verpasste Fatimah und ihrer Begleiterin einen Stempel und winkte uns durch.

„Fati, hallo! Und sag mir noch einmal deinen Namen", drehte ich mich zu ihrer Begleiterin.

„Yasemin."

„Du bist heute ohne Tuch!"

„Ja, einmal so, und einmal so." Ich war mir sicher, dass ich Yasemin das erste Mal so sah.

„Schön, dass ihr hier seid. Da kann einem allerdings wirklich der Spaß vergehen. Schon an der Tür."

„Metallmann, Jens! Du kennst das nicht. Wir kommen nur rein, wenn noch nicht so viele Mädchen da sind. Sonst sind wir zu dunkel. Und die Jungs sind oft zu dunkel."

„Wie, zu dunkel?"

„Du weißt genau. Schwarze Haare, braune Augen. Wir sind keine Deutschen. Dieser Junge da, denkt, wir sind dunkel und doof. Wir können nicht bis drei zählen, wir können uns nur schön machen."

„Jetzt seid ihr hier. Eigentlich wollte ich mit Bassie rein."

„Bassie?", schaute mich Fatimah aus, wie ich meine, irritiert fragend vergrößerten Pupillen an.

„Ist das deine Freundin?"

„Bassie ist Sebastian. Ein Freund von mir. Der geht hier aufs Scholl. Den kenne ich schon aus dem Kindergarten."

Ich denke, da ließ sich eine gewisse Erleichterung in Fatimahs Augen entdecken. Denkt sie also wirklich über mich nach? Hat sie gerade mit Yasemin überlegt, was für einer ich bin? Ob ich auch zu diesen Dullis und Schollis gehöre? Was erlebt Fati überhaupt so mit weißen Jungs? Hat der Honigjunge gerade ausgespielt?

„Ich lade euch jedenfalls ein. Ich weiß aber noch gar nicht, was das Scholl zu bieten hat."

Die Theke war dreifach besetzt. Ich würde sagen, dass sich in der Aula nicht mehr als hundertfünfzig Leute verloren. Der Schanktresen war gut umlagert. Die Mucke hätte schlimmer sein können. Die Red Hot Chili Peppers immerhin im Ausklingen, als ich mich bei dem kleinsten der Hobbybarkeeper bemerkbar machte.

„Also", drehte ich mich. „Was wollt ihr?"

„Darf ich ein Drink ohne scharf?"

„Du meinst einen Drink ohne Alkohol?"

„Hier, einen Orange-Spezial", entschied sich Fatimah.

„Klar", gab ich mich entschlossen.

„Und du? Das geht klar. Keine Angst!"

So schloss sich Yasemin Fatimahs Auswahl an. Ich bestellte. War überrascht, dass ich gleich bezahlen musste. Erinnerte mich aber, dass wir das bei Sportfesten auch manchmal so machen. Nur nicht gleich das Schlechteste über den Laden hier denken.

„Was macht die Treppe?", suchte ich ein geeignetes Gespräch.

„Die Treppe? Ach so, die Helden."

„Wir gehen nächste Woche in unsere Aula. Da sollen fünf Klassen dabei sein. Zweite Runde. Wer ist im Rennen, bei euch?"

„Bei uns ist ein Flugkapitän dabei."

Das war der lauteste und entschlossenste Satz, den ich bisher aus Yasemins Mund gehört hatte.

„Ein Flugkapitän? Wie?"

Nun setzte Fatimah ein.

„Sullenberger. Ja, Sullenberger. Da sind Vögel in das Flugzeug gekommen und dann..."

„Ich erinnere mich", nickte ich heftig.

„Der merkt. Maschine eins geht nicht. Maschine zwei geht nicht. Hat Kontakt zum – wie sagst du richtig?"

„Zum Flughafen und zum Kontrollturm. Zu den Fluglotsen."

„Wie du sagst. Dieser Kapitän sieht das Wasser. Den Fluss in New York. Er sagt noch: Ich muss hier landen. Kann nicht bis zum nächsten Flughafen. Dann landet er. Kein Mensch ist tot. Das Flugzeug ist im Wasser. Er bleibt ruhig. Schiffe kommen. Die Leute gehen auf die Schiffe. Der Pilot. Der Sullenberger geht noch zweimal durch sein Flugzeug. Keiner ist mehr drin. Alle leben. Dann geht er. Das Flugzeug geht ins Wasser. Das ist ein Held. Sagen die Jungs und auch die Mädchen bei uns."

„Das ist eine gute Idee. Der Kapitän geht als Letzter von Bord. Und er ist megacool. Ich glaube, der hat selbst junge Piloten ausgebildet. Weiß, was du in der Not machen musst. Stimmt. Eine tolle Geschichte. Für unsere Treppe. Mein Opa hat auch einen neuen Helden."

„Dein Opa?"

„Ja, der wohnt nicht weit. Wir essen oft zusammen. Der sagt: Obama ist für mich ein Held."

„Der Präsident?"

„Ja, weil er nach Bush so viel Hoffnung gibt. Weil er nicht nur ein Präsident ist, so wie die anderen. Aus einer reichen Familie wie Bush zum Beispiel."

„Der Obama heißt auch Hussein. Der ist doch Moslem, oder?", schaltete sich Yasemin in unser Gespräch ein.

Dann trugen wir zusammen, was wir im Fernsehen über Obama und seinen Lebensweg schon mitbekommen hatten.

„Mein Opa sagt: Der ist Christ, aber hat diesen Namen, weil er mit dem zweiten Mann seiner Mutter nach Indonesien gegangen ist. Wo die meisten Leute Muslime sind. Deshalb wohl Hussein."

„Jetzt ist aber Zeit. Sharif wartet."

Klar war mir das ziemlich hohe Tempo bei Fatis letzten Schlucken aus dem Nullfünfer Glas nicht entgangen. Aber dieser Satz kam mir wie ein Schlag gegen die Schläfe vor. Gegen meine Schläfe. Doch ein Cousin? Ein Freund? *Der* Freund? Ein großer Bruder, der mich schon aus der Ferne bedrohlich belauert?

„Sharif?", fragte ich scheinbar lässig. Schließlich hatte sie auch nach Bassie gefragt.

„Das ist Yasemins großer Bruder. Der steht genau um fünf vor zehn an der Straße vor der Berufsschule. Bevor es dunkel wird."

„Jetzt geht es doch erst richtig los. Ihr wollt doch nicht schon gehen, oder? Die Herrschaften hier vom Scholl haben drei Lehrer, die legen ab elf Uhr auf, machen so ´nen DJ-Battle. Da müsst ihr noch hier sein."

„Geht nicht. Ich darf bis viertel nach zehn, weil Sharif fährt. Hat er meiner Mutter gesagt."

„Danke, Metallmann."

„Yasmin sagt auch Danke." Sagte Yasemin.

„Ich danke euch", war das Einzige, was ich noch herausbringen konnte.

Sie griffen die Jacken. Wir gingen zügig zum Schuleingang. Draußen sah ich Yasemin einen Stück Stoff aus ihrer Tasche und mit geübten Bewegungen über den Kopf ziehen und vielleicht vorne zuknoten und konnte noch eben verfolgen, wie beide ihren Schritt beschleunigten, um nur noch für ein müdes, kurzes Winken in meine Richtung Zeit zu finden.

Sharif? Ist das nun nur Yasemins großer Bruder oder auch Fatimahs Freund? Einer, der sich Hoffnungen macht? Wenn er schon mit ihrer Mama spricht und Fati nach Hause bringen darf? Wenn ich meinen Lappen habe, dürfte ich das dann auch? Spricht die Mama überhaupt Deutsch? Kriegt die einen Anfall, wenn die mich sieht? Jens, was spinnst du wieder! Schlag dir die aus dem Kopf! Das geht gar nicht. Zwei Welten sind das. Aber sie war auf dem Scholl-Fest! Durfte sie das eigentlich? Ach, endlich kommt Bassie.

Bassie war sicher schon einigermaßen breit, als ihn ein Kumpel aussetzte. Anders konnte man das nicht nennen. Die Augen mit Schleier und Nebel, der Blick der bemühten Konzentration in aller Unkonzentriertheit. Die Beine, die gewollt normal über die edlen Gänge des Scholl schlurften. Das war Bassie - schon bei der Ankunft.

Nun gut, meine Flüssigportion an der Theke war auch nicht schlecht. Vielleicht wollte ich die Niederlage vom Nachmittag nicht akzeptieren. Oder den Gedanken wegspülen, dass Sharif mir alle meine schönen Hintergedanken, nein, meine allerbesten Träume nehmen könnte. Dabei kannte ich den Typ gar nicht. Dabei war da gar nichts. Da waren nur zwei Mädels. Mit denen ich ein paar Mal Worte gewechselt hatte. Okay, nein, belüg dich nicht selbst, Jens. Mit Fatimah war das mehr als nur ein netter Moment.

Die ist klasse. Dass sie nur eine halbe Stunde auf eine Fete kann. Das ist eben so. Die wird schon wissen, was sie darf und was sie will. Fatimah lässt nicht unterkriegen. Die Tochter des Propheten. Quatsch. Meine Fatimah. Ich meine, diese Fatimah, die meinen Honig nicht annehmen mag.

O backe. Je länger der Abend wird, desto seltsamer die Gäste. Das ist doch ein Scholl-Lehrer! Der ist ja breit wie eine Haubitze. Hoffentlich ist das nicht der nächste DJ. Dann legt der noch irgendeinen Underground oder Heino auf. Was auf das Gleiche herauslaufen würde. Immerhin. Die Security trinkt nur Wasser. Wie viele Leute sind die eigentlich? Traurig, wenn man in der eigenen Schule feiert und ´ne Sicherheitstruppe braucht. Na ja, bei uns gibt es gar keine Schulfeten im Gebäude.

Edle Gänge hier im Scholl. Ach, das sind die. Wozu so´n Schaukasten doch gut ist. Habe ich schon mal gehört. Daher der Name. Sophie Scholl. Hans Scholl. Die gegen Hitler und die Nazis waren. Die Flugblätter in der Uni ausgelegt haben. „Freiheit" stand auf ihren Zetteln. Hingerichtet. He, die waren ja noch ganz schön jung. Katholisch. Er erst normal national. Sie so eine freie Pfadfinderin. Konnten nicht schweigen, als sie von den Verbrechen der nationalsozialistischen Zeit erfuhren. Freisler kam selbst als Richter.

Nach drei, oder waren es schon vier Bier, da fängt so eine Infowand echt zu sprechen an. Scholl. Das waren ja mutige Leute. Kannte nur Mehmed Scholl. Und den mehr für seine tolle Technik und den Humor im Fußball.

Wusste gar nicht, dass das Scholl so ehrenwerte Helden in der Geschichte hat. He, Jens, jetzt lauf nicht zu den Schollis rüber. Na ja, an der Theke sind die Unterschiede eh nicht mehr groß.

Ich will ja nicht sagen, dass ich nicht diesen Nebel spüren würde. Aber die Typen da. Wissen alles. Können alles. Und gehen sich fast an die Hosen. Ne, nicht meine Sache. Da am Tisch. Die lallt nur noch und knutscht rund um. Vorhin war doch der Dunklere dran. Jetzt rutscht sie dem blonden Lockenkopf vom Schoß. Der kann sie nicht halten. Fallen beide wie Säcke über einander. Lachen. Sie stützt sich mit allen Vieren ab vor dem Wiederaufstehversuch. Gelächter an den Tischen ringsum. Jetzt ziehen die beiden ab. Auf das Klo, jeder für sich oder in eine Ecke? Ne, Jens, nun ist Schluss. Einmal Filmriss beim Sportfest hat gereicht. War peinlich genug. Am nächsten Tag die Klamotten aus der Umgebung zusammengesucht. Alle wussten was darüber, wo meine Sache geblieben sind. Nur ich nicht. Und die Jeansjacke blieb verschwunden. Ne, Jens, jetzt ist gut.

Ach ja, bezahlt habe ich. Könnte ja gehen.

He, wo kommen die denn durch? Die haben garantiert keinen Stempel. Durch die Hintertür, bestimmt. Wieso ist die auf? Zigarettenpause der Thekenleute oder was? Sieben, acht, mehr als zehn, denke ich fast. Halt, da ist der Kerl, der mit Ali im Boxclub die miese Show abgezogen hat. Noch so ein paar. Oh, nein, Ali auch.

Der Typ vom Einlass. Das kann ja heiter werden.

„Was macht ihr hier? Habt ihr einen Stempel?"

„Stempel? Was ist Stempel?"

„Na, habt ihr bezahlt? Seit zwölf gilt: Geld zahlen, Stempel holen!"

„Guck dir den an? Bist du Sheriff ohne Pistole?", fragte ein Schwarzhaariger, der Türke oder Kurde hätte sein können.

„Willst du Stress?"

„Ihr macht Stress. Geld und Stempel. Jetzt – oder raus, ihr..."

Der Satz des Schüler-Türstehers kam nicht zu Ende.

Der Wortführer platzierte seine Rechte in der Magengrube. Sein Nachbar wartete nicht einmal das schmerzhafte Stöhnen ab und schubste ihn zu Boden. Der Typ knallte zu Boden. Sein Aufschlag ließ sich selbst zwischen den Bässen der Mucke noch unangenehm hören, dass mir der Schmerz des Zuschauers und Zuhörers noch durch meinen Kopf und Magen eilte. Ich sprang zur Seite, wollte noch einmal die Situation sortieren, da kamen fünf, sieben, acht Schollis von der Theke geschossen oder wenigstens ihrer Verfassung entsprechend geeilt und fackelten nicht lange.

Der Türsteher erhob sich, wurde wieder geschubst, geschlagen. Tritte kamen dazu. Zwei von Alis Truppe drehten sich zum Tisch, wo ich mir zwei Stunden vorher Bockwürstchen und Pizzabrötchen geholt hatte, griffen zur Handkasse. Klemmten sich die unter den Arm, unterstützten ihre Mitkämpfer gegen die Thekenkundschaft vom Scholl. In Sekunden waren bestimmt zwanzig Leute an der Schlägerei beteiligt.

Wortfetzen kamen aus allen Richtungen bei mir an.

„Wer hat die Asis hier rein gelassen!"

„Die Affen haben Robert umgehauen!"

„Scheiß-Nazis!"

„Können nur saufen!"

Erstes Blut landete auf dem Boden. Die Verpflegungstische kippten. Das Gewühl und Geschrei wurde immer unübersichtlicher. Ein paar Mädels stürzten zu Boden. Die Musik aus dem Nebenraum endete abrupt. Noch immer stand ich orientierungslos daneben. Fand nicht meinen Platz im Geschehen. War wohl doch ein bisschen viel bei mir für ´ne passende Aktion.

Schließlich sprang ich dazu, als einer der Typen dieses Überfallkommandos auf eine sturzbetrunkene Blondine trat. Ich wollte ihn von hinten festhalten, wofür ich beim Handball mit Sicherheit sofort zwei Minuten oder ´ne rote Karte bekommen hätte. Ich erwischte ihn am Hals. Er drehte sich, und verpasste mir einen Tritt, wo es besonders wehtat. Ich taumelte, geriet unter einen stürzenden Scholl-Schüler und kam erst wieder zu mir, als sich alles beruhigt hatte. Waren das Sekunden oder Minuten gewesen?

Hinter den grauen Sheriffs der Security eilten zwei Streifenpolizisten auf die Theke zu und sondierten die Lage.

„Da sind sie raus!", hörte ich den einen der Lehrer-DJs mit leichtem Lallen Auskunft geben.

Das Tempo und die Bewegungsart der Polizisten konnte man nicht gerade mit dem Wort Laufen beschreiben, aber sie bemühten sich, mit etwas erhöhter Geschwindigkeit der offenen Hoftür zuzustreben. Sie schauten in die Dunkelheit, drehten sich fragend nach links und rechts, schüttelten fast im Gleichtakt kurz ihre Köpfe und kehrten zum Hauptkampfplatz der Nacht zurück. Dabei stiegen sie achtsam über die Scherben, die sich in unterschiedlicher Dichte über den gesamten Boden zwischen Hofausgang und Theke verteilt hatten.

Ich erhob mich. Sah keine Liegengebliebenen. Keine sichtbar schwerverletzten Opfer. Lief zur Toilette, um meiner Blase Ruhe und mir ein bisschen Luft und Abstand zu verschaffen. Zwei

Angeschlagene wuschen sich Blut von Gesicht und Armen. In einer der Toilettenkabinen erbrach sich ein kleiner Typ bei geöffneter Tür unter ziemlichem Röcheln.

Die grünen Jungs sichteten das Terrain. Sie notierten Zeugenaussagen und Adressen der Auskunftgeber. Sie zogen ab, als wenn sie das zum hundertsten Mal in diesem Jahr gemacht hätten.

Die Apfelsinenscheiben eines Cocktails, wie Fatimah und Yasemin ihn getrunken hatten, mischten sich vor mir auf dem Boden mit Blut. Die Kiwischeiben lagerten neben senfdekorierten Pappen der Bockwurstkunden. Die Scherben sorgten an einigen Stellen für ein bedrohliches Glitzern auf dem ehrwürdigen Boden des Scholl. Die Dünste von Pils und Altbier rangen mit Wodka- und Likörresten um die Herrschaft über die blutigen Nasen.

Ein Lehrer und der vergeblich um Autorität bemühte Schüler, wohl der Schülersprecher, riefen offiziell das Ende der Veranstaltung aus. Ich beteiligte mich nicht an den Flüchen, Schimpfereien und Drohungen der folgenden Stunde, als wir aufräumten, so gut es ging.

Aufgemischt und abgebrochen. Das Fest der Schollis.

Auf dem WC holte mich das ganze Elend des Abends ein. Die Tür der übelriechenden Kabine war noch immer halb auf. Ich sah ein Bein hervorgucken. Ich näherte mich vorsichtig dem Ort neuen Unbehagens.

Mist. Es war Bassie. Er sagte nichts mehr. Ich zog ihn aus der Kabine. Kniff ihm in den Hals, zwirbelte ihm die Haut. Hörte nur ein müdes `nicht´ als Antwort. Holte zwei Leute aus seiner Jahrgangsstufe zur Hilfe. Wir berieten uns, ob da ein Arzt nötig wäre. Entschieden uns für eine Begleitung nach Hause.

Wenigstens gelangte ich so mit Taxi nach Hause. Besser gesagt - zu Bassie nach Hause. Sein Vater tobte an der Haustür, als er im Schlafanzug sein Portemonnaie für den abgestürzten Sohnemann zücken musste. Diskutierte nicht mit uns über eine Beteiligung an den Fahrtkosten, um die Peinlichkeit der ganzen Veranstaltung nicht noch weiter zu erhöhen. Zerrte Bassie ins Haus. Gab mir zu verstehen, dass er mich nicht brauchen würde. Sagte immerhin ein Danke, schloss die Haustür und war nach dem Knallen derselben noch so laut zu hören, dass wir uns alle ausmalen konnten, was Bassie nun erwartete. Nach dem Abschuss an der Theke der Anschiss des tobenden Vaters.

Ich stieg mit einem Mitfahrer aus dem Sammeltaxi. Ging die letzten zwei Straßen zu Fuß. Ein Uhr zwanzig. Da hatte das Scholl auch schon mal länger gefeiert.

Arschlöcher. Gangster. Asis. Hirnlose. Zukurzgekommene. Bekloppte, die neidisch sind auf die vom Gymnasium, oder was? Können nichts als zuhauen, klauen und kaputt machen. Keine Ahnung, wie man mit Ali weiter gemeinsam in eine Schule gehen kann.

Mama nicht wecken. Morgen wollten wir ja immerhin mal wieder gemeinsam Frühstück und Mittag essen.

Gute Nacht Deutschland. Wenn das normal sein soll...

## Kapitel 6 Fatimah und Olga Sophie

Gut, dass wir an diesem Montag nicht zur siebten und achten Stunde ins Scholl rüber sollten, sondern unsere Aula das Ziel war. Es hieß, dass der Schulleiter drüben den ganzen Vormittag getobt hätte. Seine Kollegen, Schülersprecher, alle hätten ihren Stoff abbekommen. Vor allem: Wer soll am Sonntag im Scholl auch schon richtig sauber gemacht haben? Ein Trupp Oberstufenschüler vielleicht. Der Hausmeister hätte jedenfalls mehr als seine Ruhe und gute Laune verloren.

Die Scholl-Klassen flüsterten uns beim Kommen rüber, dass der Boss sie fast nicht losgelassen hätte. Antreten zum Auslöffeln und Ausbügeln war die Parole vom Scholl-Chef. Und doch wurde noch was aus der letzten Doppelstunde.

Ein Schüler aus der Gestalter-Klasse machte den Klopftest am eingeschalteten Mikro. Der Overheadprojektor warf uns das Plakat auf die feste Aula-Leinwand. Lessing, Schmidt, Abraham. Unsere Lehrkräfte und die vom Scholl liefen ein. Sie kam auch. Sonnig wie immer. Wieso hätte ich mich auch einfach neben sie setzen sollen und dürfen? Wer weiß schon, wer sie nach Hause gefahren hat am Samstag?

Lessing eröffnete.

„Keine lange Vorrede. Wenn ich es richtig sehe, sind wir mit sechs der elf teilnehmenden Klassen heute hier vertreten. Besonders grüße ich die Kollegen und Klassen unserer gymnasialen Nachbarschule. Schön, dass das gemeinsam geht. Sagen wir: Inzwischen ist Viertel- oder Halbfinale. Wen schicken wir ins Rennen um die Heldenplätze auf dem Siegertreppchen? Kollege Schmidt wird auf die Spielregeln achten. Keine Heldenvorstellung darf heute länger als sieben Minuten dauern!"

Murren machte sich in der Aula breit. Für so hundertdreißig Leute war es ziemlich aufmerksam bei Lessings Eröffnung. Aber die Meldung von den Spielregeln war wohl nicht bei allen Klassen angekommen. Wie immer! Was die eine Hand an einer großen Schule, sogar an zwei Schulen tut, davon weiß die andere noch lange nichts.

Von Schmidts Aufforderung inspiriert kam ein Scholl-Mensch nach vorne.

„Konrad Zuse. Für uns in den Zwölferklassen ist er ein Favorit. Alle reden von Bill Gates. Wie er in einer Garage angefangen hat und dann Microsoft aufgebaut hat und zwischenzeitlich der reichste Mann der Welt war und morgen vielleicht wieder ist durch seine PC-Programme und -Entwicklungen. Aber Konrad Zuse war ein Deutscher. Sein erster Rechner war zwar so groß, dass er ganze Teile dieser Aula ausgefüllt hat. Aber er war der Erfinder..."

Das anfängliche Staunen wich zunehmend einem leichten Gähnen. Der Vorsteller hatte Recht. So ein Erfinder verdient Anerkennung. Und die Deutschen müssen sich nicht verstecken mit ihren Auto- oder Maschinenbauern. Aber ist ein Erfinder ein Held?

Rückfragen schlossen sich an.

„Wie hat der denn so gelebt? Hat der nur erfunden und viel Kohle damit gemacht?"

„Der hat als alter Mann noch Versuche gemacht und Patente entwickelt, auch mit Windrädern experimentiert. Ich finde, das war ein deutscher Held. Sollten wir stolz drauf sein", gab der Typ mit der Zottelfrisur seine Sache nicht so schnell auf.

Schmidt nickte zufrieden und versuchte, nächste Vorschläge hervorzulocken.

Mehmed ließ sich nicht lange bitten. Seine Folien, unsere Folien, waren zur Stelle.

„Unser Favorit für die Siegertreppe ist klar. Ein Boxer gehört da hin. Der Boxer. Muhammad Ali."

Das Gelächter aus den Reihen der Scholl-Klassen war nicht zu überhören. Ein langer Kerl, so vier, fünf Plätze neben einem erstaunlich frisch wirkenden Bassie rief dazwischen:

„Das meinst Du doch nicht wirklich, oder?"

„Das meine ich wirklich. Du kennst den Ali?"

„Ja, so ein Typ, schwarz, vor den Klitschkos, ziemlicher Angeber im Ring, glaube ich."

„Okay", blieb Mehmed ganz ruhig. „Ich werde euch das erklären. Muhammad Ali war ein Angeber. Der machte Sprüche vor oder nach seinen Kämpfen. Aber er boxte clever. Er war schnell auf den Beinen. Und er kam zwei Mal zurück. Ihr kennt den Spruch: Die kommen niemals zurück. Die Verlierer. Die den Weltmeistertitel verloren haben. Ali kam zurück."

„Aber es gibt doch viele tolle Sportler", entgegnete der aus Bassies Reihe.

Da hielt es mich nicht. Ich assistierte Mehmed.

„Wir reden hier nicht von Boris Becker oder Michael Schumacher. Mag ja sein, dass sie auch mal was Wichtiges sagen oder machen. Aber der Ali war der Erste, der als amerikanischer Moslem für Klarheit gesorgt hat: Muslime sind keine Mörder. Die diese Flugzeuge geflogen haben, dürfen sich nicht auf den Koran berufen. Der Islam ist eine Religion des Friedens."

Der Nachfrager aus dem Scholl ließ nicht locker.

„Aber das waren doch wohl Muslime. Die meinten, Allah will das."

Mehmed nahm sich wieder das Wort.

„Genau deshalb ist Ali so schlau. Die Religionen sind wie Flüsse. Sagt er. In allen fließt Wasser. Sie haben nur verschiedene Namen. Religion ist nicht für Kriege da."

Abraham hob seinen Arm. Fatimahs Lehrer. Lessing und Mehmed nickten ihm zu. Er erhob sich und machte ein ziemlich ernstes Gesicht, wie das Religionsleute scheinbar immer machen müssen.

„Ich finde diesen Vorschlag exzellent. Im Dezember 2007, sechs Jahre nach den Angriffen auf die USA, haben sich 131 Gelehrte aus der muslimischen Welt zusammengetan. Sie haben die Christen gegrüßt zum Weihnachtsfest und zum Frieden zwischen den Religionen aufgerufen. Das war ganz wichtig. Aber darauf haben wir Jahre gewartet. Der Mohamed Ali, wie ich immer noch sage, weil ich das als Kind so gelernt habe, wenn ich zu seinen Kämpfen aufstand. Der Mohamed Ali war schneller. Was der gesagt hat, nämlich das, was der Schüler gerade von ihm wiedergegeben hat, das hat er..."

„Das hat er zwei oder drei Tage danach, nach dem 11. September 2001 gesagt." Führte Mehmed seinen Beitrag und Abrahams Satz weiter.

„Übrigens habe ich ja einen berühmten Vorfahren", warf Abraham lächelnd ins Aularund.

„Dieser Vorfahre war ein Vorbild und ein Vorvater für Juden sowieso, aber auch für die Christen und die Muslime. Abraham glaubte an Gott, nicht an Geld oder Götter oder Kälber. Gerade diese drei Religionen müssten erkennen, dass sie einander ganz schön verwandt sind. Meine Stimme hat Ali. Wenn wir keinen Frieden zwischen den Religionen hinbekommen, dann kommen irgendwelche Leute, wollen Krieg oder Terror machen und holen sich dafür Munition aus der Religion."

Einzelne klatschten zu Abrahams Schlussworten. Allerdings war sein Eingriff in die Diskussion haarscharf an den Spielregeln vorbei. Das war keine Erklärung mehr. Das war Parteinahme. Toll allerdings, dass immer mehr Leuten klar wurde, wir redeten hier nicht über irgendeine Nebensache, sondern über ziemlich wichtige Angelegenheiten.

„Herr Abraham, in welche Kirche gehen Sie denn? Gibt es da keine Munition?"

Der vorlaute Spruch, den man nur für dumm hielt, wenn man Marios Provokationen zum Weiterdenken nicht kannte, tat seine Wirkung.

„Ich gehöre zu einer evangelischen Kirchengemeinde. Überlegt doch mal. Im Zweiten Weltkrieg haben auch die Kirchen gemeint, der Krieg wäre nötig für Deutschland. Kirchen haben schon Kanonen gesegnet und Mörder zu Helden erklärt. Das meine ich mit Munition. Religionen geben doch Mut, Ideen, Regeln, Geschichten. Jesus zum Beispiel hat Geschichten für das Vergeben und den Frieden erzählt. Aber Jesus hat nicht zum Krieg aufgerufen. Im Gegenteil. Sogar zur Feindesliebe. Und er hat das auch vorgelebt. Dann darf doch eine Kirche nicht zum Hass oder Krieg aufrufen. Munition kann schon geistig sein."

Abraham setzte sich. Mario entschloss sich, keine neue Stegreifrede zu veranlassen.

„Ali sagt: Muslime sind Menschen des Friedens. Deshalb ist er mein Held", bekräftigte Mehmed.

„Wisst ihr. Ich schäme mich. Da kommen Muslime aus Pakistan. Fahren mit einem Boot nach Indien. Töten Kapitän. Schießen und schießen und schießen. Kämpfen mit indischen Polizisten. Werfen Granaten. Stecken Taxifahrern Bomben unter den Sitz. Kämpfen und kämpfen. Und wer gibt den Befehl? Ein Moslem! Mit Handy. Aus Pakistan. Ist das ein Moslem? Will Allah das? Ali sagt: Muslime sind keine Mörder. Aber was am wichtigsten ist: Ali kann denken und gut boxen."

Mit diesem Statement verabschiedete sich Mehmed vom Mikrofon, während ihn, während uns ein erfreulicher Beifall zu den

Plätzen begleitete. Wir schauten uns zufrieden gegenseitig an und noch einmal in die Reihen hinter uns.

„Ich wollte euch von einem Helden des Jahres 2007 erzählen."

Bei diesem Einleitungssatz legte Mario eine Folie auf. Ein farbiger Bauarbeiter, der allerdings gerade so gar nicht nach Schweiß und Erde aussah, prangte vor einem bahnhofähnlichen Hintergrund.

„Das ist Wesley Autrey. Der war mit seinen kleinen Töchtern unterwegs. Er wartete auf die U-Bahn. Da zuckte vor ihm ein junger Mann. Offensichtlich hatte der einen Anfall."

„Du meinst Epilepsie oder so was Ähnliches", warf Matthias aus der Holzklasse ein.

„Nun lass mich gerade erzählen. Der Mann vor ihm zuckt. Stürzt schließlich vom Bahnsteig auf die Gleisanlagen der U-Bahn. Was macht Wesley Autrey? Erst sagt er hellwach der Frau neben sich: `Passen Sie auf meine Kinder auf!´"

„Schon stark der Typ", staunte Mike dazwischen.

„Dann", fuhr Mario fort, „springt er auch vom Bahnsteig. Drückt den Mann auf den Boden. Und der Zug, der natürlich sowieso nicht mehr hätte bremsen können, brettert über beide hinweg. Zentimeter über Kopf, Rücken und Hinterteil. Der Mann – ein Student, wie sich nachher herausstellte – und Wesley Autrey überlebten. Das ist ein Held für mich. Ich habe ihn Monate nach der Aktion dann auch bei uns im Fernsehen gesehen. Der Mann ist weiter Bauarbeiter, kein Talkshow-Dauergast. Wesley Autrey ist für mich ein Held. Er riskiert was für Andere – und gewinnt. Ein Held wie Wesley Autrey ist ein echter Retter."

Wenn das schief gegangen wäre? Ein geschiedener Vater hätte zwei kleine Töchter hinterlassen. Erst mit Schreien, Schrecken und Entsetzen auf dem Bahnsteig, dann mit einem großen Lebensloch. So lief die kurze, aber engagierte Diskussion, quer durch alle Klassen hindurch. Der U-Bahn-Held wurde notiert. Von Lessing. Autreys Geschichte roch nach vorderen Plätzen.

Uff. Sie traut sich. Geht nach vorne, als wenn sie das jeden Tag macht. Bewegt sich fast wie Shakira. Nur dass ich Fatimahs Bauch gerne erst mal sehen würde. Ob die auch Hüftschwung kann? Oder macht sie den für einen Sharif? Quatsch, Jens. Da ist nichts. Da geht nichts. Und wenn sie jetzt da so eine peinliche Rede für Pink hält, weil die so kernig marschiert in ihrem letzten Clip oder für Tierschutz ist? Wenn sie sich jetzt blamiert und von den Schollis, die es nicht raffen, als Kosmetik-Tusse hingestellt wird, weil bei denen jeder ins Kästchen passen muss? Mensch, Fati, mach das gut! Ich wünsch dir das. Du hast es doch drauf. Hauptsache, die merken das auch so schnell.

„Ich heiße Fatimah und finde es nicht gut, wenn hier nur über Männer gesprochen wird."

Keiner lachte. Alles wartete.

„Ali, ein Mann. Dieser Computermann, dieser Flugkapitän. Ach, das war ja nur in unserer Klasse. Ich bin aus der Hauswirtschaft."

„Das ist ja schön für dich", hörte ich einen hinter mir dazwischen quaken und sich für ziemlich schlau halten.

Ich drehte mich um und gab da ziemlich böse Blicke nach hinten, ohne genau zu wissen, wer da Fatimah anblaffen wollte.

„Ich finde, Frauen sind genauso wichtig wie Männer. Ich will deshalb von meiner Tante erzählen. Meine Tante ist aus Nordafrika. Ihr wisst. In vielen Ländern denken Männer: Frauen müssen das. Und Frauen müssen das. Meine Tante hat Bücher geschrieben. Sie heißt auch Fatimah. Sie hat den Koran gelesen. Meine Tante sagt. Frauen sind nicht Tiere. Frauen müssen nicht Kopftücher tragen. Und sind aber Frauen und glauben an Allah. Frauen sind wichtig."

Eine Schülerin vom Scholl, die ich nicht kannte und noch nie bewusst gesehen hatte, hakte nach.

„Deine Tante? Wieso Bücher geschrieben? Das ist doch klar. Frauen sind so wichtig wie Männer. Darüber muss man noch keine Bücher schreiben."

„Du verstehst nicht", blieb Fati ebenso konzentriert wie entschlossen. „Bei euch steht das im Basisgesetz."

„Grundgesetz meinst Du", korrigierte die Dunkelblonde vom Scholl ohne diesen widerlichen Mief von Überlegenheit, der einem oft entgegenweht, wenn jemand zeigen will, dass er ein deutsches Wort besser kennt oder aussprechen kann als ein anderer oder eine andere.

„Genau. Bei euch steht: Niemand darf Nachteil haben, wegen Frau oder Mann, Volk oder Religion."

Fatimah stieß bei der freien Rede an ihre Sprachgrenzen und doch wusste jeder, worum es ihr ging.

„Bei uns. Also jetzt bin ich ja hier. Aber bei uns. Wo ich geboren bin. Da muss eine Frau kämpfen. Dass sie Rechte hat. Da muss eine Frau kämpfen wie Fatimah."

Ich erinnerte mich und hob meine Hand. Sie lächelte und gab mir ein Nicken.

„Ja, Metallmann?"

Die Aula lachte. Metallmann. Merken die jetzt was? Denken die, da läuft was? Aber da läuft doch nichts. Die werden das aber alle denken. Was machst du hier, Fatimah! Was machst du hier, Jens! Und wenn schon. Jetzt ist es zu spät.

„Ja. Was heißt: Fatimah muss kämpfen? Fatimah ist doch Mohameds Tochter. Der keine Söhne hatte. Oder?"

„Es ist traurig. Fatimah ist eine Heldin. Wer kommt nach Mohamed? Ein Kind von Fatimah, also ein Enkel von Mohamed oder ein anderer Mann? Da gab es viel Streit. Fatimah hatte Angst. Da war viel Kampf. Fatimah musste kämpfen. Stellt euch vor: Fatimah ist nicht Fatimah, sondern Achmed. Dann war alles klar. Mohammeds Kind und Enkel werden die nächsten. Aber so – Fatimah muss kämpfen. Warum müssen Frauen kämpfen, und die Männer gewinnen immer?"

Niemand traute sich, diese Sätze voller Gefühl abzuwehren. Aber keiner wusste auch so richtig, wer Fatimah nun gewesen sein sollte. Eine Kandidatin für das Siegertreppchen stellten sich die meisten wohl auch anders vor. Wenn sie sich überhaupt eine weibliche Gestalt vorstellen konnten.

Lessing war es wieder, der unser Chaos zu bewältigen versuchte.

„Ich weiß nur. Fatimah ist für die Schiiten, eine große Richtung des Islam, mit Mohamed und den zwölf ersten Schülern von Mohamed eine große Figur im Islam. Es gab da viel Kämpfen und Töten nach Mohamed. Wer wird der Anführer? Muss der Nachfolger von Mohamed auch ein Nachkomme sein? Deshalb ist heute noch Kampf zwischen Sunniten und Schiiten."

„Genau. Fatimah ist in Gefahr. Frauen sind immer im Kampf zwischen Männern. Männer wollen nur kämpfen. Männer denken, sie sind schlau und stark und schlagen sich. Versteht ihr?"

Fatimah. Es muss diese ungewöhnliche Kombination gewesen sein. Eine dunkelhaarige, hübsche Südländerin, aber nicht braun gebrannt oder naturbraun, eine hübsche Lady eben wie Fati, der vielleicht ein schönes Gesicht zugestanden und ein bisschen Nettigkeit zugetraut wird, die stellt sich hier hin und redet für die Frauen ihrer Religion, ja ihres Landes oder vielleicht der ganzen Welt und beklagt, dass Männer nur kämpfen wollen. Fatimah, jeder hat gemerkt, dass es dir ernst ist. Hast dich nicht blamiert.

Okay, dass ich als erster und eine Weile fast als einziger klatschte, verriet mich dann doch wieder als besonderen Sympathisanten. Und wenn schon. Fati, du bist klasse! Ach ja, wer nun ihre Tante ist, das muss ich sie noch mal fragen. Also schlagen lassen wird sie sich nicht von dem Typ, der sie nach Hause gefahren hat. Hoffentlich war das wirklich nur der große Bruder von ihrer Freundin, der Yasemin.

He, die ist doch auch aus ihrer Klasse. Tatsächlich „Girls Day" gerade.

„Ich bin Olga. Finde das gut. Was die Fatimah gesagt hat. Frauen werden vergessen. Mein Held ist auch eine Frau. Meine Heldin ist meine Ururgroßmutter. Ihr wisst, wo ich herkomme?"

„Sag schon", ermunterte sie ein blasses Mädel aus der zweiten Reihe.

„Ich komme aus Kasachstan. Das gehörte mal zu Russland. Aber meine Familie ist aus Deutschland."

„Du meinst, du bist eine Russlanddeutsche", assistierte Mario der neuen Rednerin.

„Genau. Manche sagen auch: Aussiedler. Also ich bin Olga aus Deutschland und Russland und Kasachstan. Ich will das nicht alles erzählen. Aber aus Süddeutschland oder aus Norddeutschland gingen Deutsche nach Russland. Die haben da gearbeitet. Die hatten da lange ihre Dörfer. Und dann kam Stalin. Stalin war in Russland der Chef. Und in Deutschland war Hitler. Die haben dann gekämpft. Die Deutschen und die Russen. Aber in Russland haben viele Deutsche gewohnt. Wie meine Omas und Opas. An der Wolga besonders. An diesem großen Fluss."

Erstaunlicherweise sank die Aufmerksamkeit kaum. Wie selten sprachen wir auch über uns in der Schule? Dicke Sprüche hatten wir alle drauf. Aber wenn wirklich jemand von sich selbst erzählte? Dann war da was Besonderes im Raum. Wie bei Olga.

„Aber ich wollte ja von der Oma erzählen. Meine richtige Oma ist jetzt auch hier bei uns in Darten. Das war die Uroma. Sogar Ururoma. Die hieß auch Olga. Sie hieß Olga Sophie Zimmermann. Wisst ihr? Olga ist ein russischer Name. Sophie gab es viel bei uns Deutschen. Olga Sophie also wohnte an der Wolga. Dann hatte Stalin Angst vor den Deutschen dort. Dass die mit den deutschen Soldaten kämpfen. Der schickte Soldaten und Polizei. Dann mussten alle Männer weg. Dann alle jungen Frauen. Dann mussten alle Omas und Opas mit den Kindern weg. Versteht ihr?"

„Warte! Wer war dann noch da? Und wieso weg?"

„Ihr versteht nicht. Die Männer mussten in die Arbeitsarmee. Trudarmee. Ach so: `Trud´ heißt Arbeit auf Russisch. Die Frauen dann auch. Wer war dann noch da? Kinder und Omas und Opas. Wie Oma Olga."

„Aber wieso weg?" Ein Gestalter hatte offensichtlich genauso wenig Ahnung von dieser Geschichte der Russlanddeutschen wie ich. Eigentlich sahen alle ziemlich fragend aus.

„Ja, die kamen dann nach Sibirien. Oder irgendwo Richtung Asien. Damit Hitlers Armee nicht mit den Russlanddeutschen zusammenkommt. Einfach weit weg. Die Kinder verstanden nicht. Die Omas waren allein. Und mussten dann auch weg. Viele sind gestorben damals. An der Wolga war kein deutsches Dorf mehr. Alle weg."

Lessing schaltete sich ein.

„Verschleppt nennt man das."

„Genau. Verschleppt. Also diese Oma Olga hat dann sieben Kinder gerettet aus der Familie. Ohne Mann. Ohne Essen. Die hat gebettelt bei Nachbarn. Aber die hat auch gebetet im Haus. Die war wie ein Pastor. Aber eine Oma. Die hat die Bibel erklärt. Die hat getauft. Und sieben Kinder gerettet. Nur eins ist gestorben an Hunger. Alle haben gesagt. Wir dürfen Olga nicht vergessen. Die hat uns gerettet. Oma Olga ist gestorben, als Stalin starb."

„Dann ist das ja schon über fünfzig Jahre her!" staunte Mario.

„Genau. Aber meine richtige Oma heute erzählt mir das. Ihre Oma hat sie gerettet. Oma Olga. Also meine Ururoma. Das ist eine Heldin. Ohne die wäre ich nicht hier. Das wollte ich euch erzählen. Oma, Ururoma Olga ist in meinem Herzen."

Noch eine Frau fürs Treppchen, dachte ich. Es wird eng werden da oben. Aber niemand hatte ein Foto von ihr. Jung-Olga nicht und überhaupt keiner aus der Verwandtschaft. Das ist doch keine Geschichte zum Präsentieren. Dachte ich. Heute brauchst du einfach nur eine gute Präsentation und wenn es für den letzten Mist ist. Gute Geschichten kannst du manchmal nur erzählen. Aber das ist den meisten Leuten zu wenig.

„Wisst ihr was?"

Lessing liebte diese Pose. Er nahm seinen Wissensvorsprung und seine Rolle als Organisator dieser Veranstaltung wieder gerne an. Ohne Frage. Lessing war ein toller Typ. Keiner, der dir Noten nachwarf. Aber auch keiner, der zimperlich war, Einsen zu verteilen, wenn man wirklich was gemacht oder präsentiert hatte wie Mehmed und ich mit dem Ali-Referat in der Klasse.

Ohne Frage. Lessing war in seinem Element.

„Wir müssen noch einmal scharf nachdenken. Wen werden wir am Ende ehren bei unserem Wettbewerb? Wir haben heute gemerkt, dass unsere Zeit mit den vielen Verrückten in aller Welt so jemanden wie Mohamed Ali, Entschuldigung, Muhammad Ali, brauchen kann. Ali will keinen Krieg der Welten oder Krieg der Religionen. Wir haben gemerkt, dass es in Deutschland oder in Amerika oder in Russland oder Asien tolle Heldengeschichten gegeben hat oder gibt. Wir haben durch" – wandte er sich den letzten Rednerinnen nacheinander zu – „Fatimah und Olga gemerkt, dass es nicht nur Helden gibt. Sondern Heldinnen. Ich überlege nur noch, ob wir da eine Idee haben, welche Heldin auf das Siegertreppchen gehört. Im Übrigen: Langsam brauchen wir für den Abschluss eine Gruppe, die die Ehrung praktisch vorbereitet. Ein Mikrofon wird nicht reichen."

Die Gestalter meldeten sich und bekräftigten ihre Zusage, den Raum für die Ehrung in zehn Tagen vorzubereiten. Ein langer, orange-roter Soft-Punk vom Scholl verwies auch auf die Theatergruppe.

„Viele wissen gar nicht: Die Theatergruppe vom Scholl ist offen für Leute aus anderen Schulen. Die Theatergruppe von Scholl und Co. wird sich um die Requisiten kümmern."

Lessing, Abraham, die Reinholdy und die anderen Lehrkräfte schauten sich und uns fragend an, ob noch weitere Absprachen nötig wären.

„Ach so", trug Lessing nach. „Wer Zeit und Lust hat. Morgen Abend kommt Henry Maske ins Perplex."

„Henry Maske?"

Dieses Mal konnten die Mädels nun kaum etwas mit dem Box-As im jungen Sportler-Ruhestand anfangen.

„Maske war ein Top-Boxer. Macht jetzt Veranstaltungen rund ums Thema Gewalt. Besonders für die Herren des Globus geeignet. Eintritt frei. Mit - so einem fabelhaften Kärtchen…"

Also muss was dran gewesen sein, an dem, was Mehmed gesagt hat. Lessing kennt sich aus beim Boxen. Klang fast, als hätte er Maske selbst eingeladen nach Darten zu kommen. Zuzutrauen wäre es ihm ja auch.

Die Gestalter räumten auf. Wir konnten abziehen. Wie konnte ich aber Fatimah nur aus den Augen verlieren? Ich eilte aus der Aula. Lief nach rechts. Zurück, dann in die andere Richtung. Ob das schon ihr Bus war? Dann muss sie mächtig gelaufen sein.

Dafür wurde ich Ohrenzeuge kleiner Nachgespräche. Den Hobby-Türsteher vom Scholl erkannte ich wieder. Ein paar hatten sich auch an der Diskussion in der Aula beteiligt.

„Die Kleine, was wollte die jetzt eigentlich? Frauen müssen kämpfen. Ich kann den Quatsch nicht mehr hören. Jungs nicht? Kriegen wir alles geschenkt? Haben die Mädels es heute nicht gut? Was wollen die noch? Jetzt wieder so′ne Feministenkacke" – und da kam wieder diese Abfälligkeit in seine Sprache – „auch schon aus der, ja ich glaube: Hauswirtschaft bei denen da drüben."

Ein kleiner, gedrungener Typ mit bescheidener Frisur mischte sich ein.

„Aber was mir klar geworden ist. Da treten zwei Mädels auf. Erzählen von Tante und Oma, nein, wie hat sie gesagt, Ururoma, und wir vergessen unsere Schulheldin."

Tatsächlich machte sich da kurz vor drei so etwas wie Nachdenklichkeit bei den Schollis breit.

„Du meinst, wir hätten die Scholls da reinbringen sollen?"

Der Lange mit den bescheidenen Türstehererfahrungen schaute zur Seite.

„Warum nicht. Wir hören diese Geschichte in unserer Schulzeit drei oder vier Mal. Haben alle einen Film dazu gesehen. Kennen die Daten von Hans und Sophie Scholl mehr oder weniger auswendig, jedenfalls so ungefähr, aber wir nehmen die nicht mehr ernst. Ist eben Geschichte. Alter Kaugummi für uns. Was hat das schon mit heute zu tun?"

„He, Hendrik, du klingst jetzt schon wie Schmidt. Aber wir haben doch keine Hitler-Zeit mehr. Wenn wir jetzt so einen Flugzettel machen und in den Schuleingang werfen mit `Freiheit′ drauf, dann meckert unser Boss wegen Papierverschwendung."

Nun schaltete ich mich doch ein. Wollte die Jungs von nebenan am liebsten nur erzählen lassen, aber manchmal kribbelt es einfach unter meiner Zunge.

„Ich war Samstag bei eurem Fest."

„Aber nicht um Mitternacht, oder?" lachte einer der Schollis mit schwarzem Humor.

„Ne, war schon eher da. Die von vorhin, die Dunkelhaarige mit der Rede für die Frauen, die war übrigens auch bei euch, wenn auch nur kurz. Also ich habe bei euch diese ganzen Bilder und Texte von den Scholl-Geschwistern gesehen. Das wäre doch wirklich was für die Treppe. Was lief denn da ab? Da kommen so Typen rein, werfen alles um, schlagen sich, grabschen sich ′ne Kleinkasse und verpissen sich in die Nacht. Da kannste doch nicht weggucken."

„Du hast gut reden", meinte der Lange. „Was willst du gegen so Blödköppe machen. Haste ja gesehen. Weg war′n se."

„Alle gucken immer weg. Alle sagen: Kann man nichts machen. So war das doch auch bei Adolf. Juden raus aus den Klassen, aus den Häusern, und keiner sagt was."

„Komm, hör auf. Das kannst du doch nicht vergleichen."

„Vielleicht schon", meldete sich der mit der Frisur von Phil Collins zurück in die Diskussion.

„Wir müssen über die Scholl-Geschwister nachdenken. Was mir aufgefallen ist. Die andere Kleine, die Blonde mit der Oma von der Wolga. Hat die nicht gesagt: Olga Sophie? Namen sind nicht Schall und Rauch. Sophie Scholl ist unsere Kandidatin. Keine Frage. Kommt Jungs! Das wäre doch was. Springt über euren Schatten. Breite Heldenfront zwischen Männlein und Weiblein, Gymnasium und Berufsschule. Sollten wir mal schauen."

„Aber dieser Bauarbeiter da am U-Bahn-Steig? War das nicht auch einer wie die Scholl? Handeln. Eingreifen. Nicht warten, bis alles zu spät ist. Ihr kennt ja den neuen Samy de luxe. Das ist mein Land. Endlich einer, der nicht nur jammert. Über das Scheiß-Deutschland und so. Wie schwer es alle haben. Oder die armen Ausländer müssen ja ausflippen, weil alles so doof ist hier. Dies ist mein Land. Und wenn das Leute kaputt machen, dann musst du was machen. Wie die Scholl. Wie eure Scholl."

Vielleicht hatte ich jetzt ein bisschen überzogen. Als wollte ein Dortmunder den Schalkern erklären, wie gut einer ihrer Spieler in Wirklichkeit ist und sie das nur nicht merken. Das war schon seltsam, dieses Gespräch.

Bei Opa war das Essen mal wieder klasse. Wie er das ablehnte, was ich ihm fast in den Mund legte, er wäre doch auch bestimmt gegen die Nazis gewesen, wenn er damals ein paar Jahre älter gewesen wäre. Das ehrt ihn ja. Aber warum sagt er nicht einfach, was ich hören möchte? Opa eben. Will kein Held sein. Ist er aber. Jetzt hat er am Vereinshaus mit zwei Kollegen die Dachrinne neu eingehängt. Macht er einfach. Mein Opa.

So, jetzt kriege ich von Mama nicht mal mehr Zettelchen aufs Bett gepackt. Na ja, okay, wird sie heute Morgen noch nicht gewusst haben. Jetzt sind es Emails, die mir sagen, dass sie später kommt oder mir irgendwie gleich auch andeuten, dass sie sehr spät kommt. Ach Mama. Am Wochenende bist du wieder platt und sagst keinen Japs. Sophie Scholl. Nun muss ich aber selbst noch mal danach gucken. Wollte Kindergärtnerin werden. Hm. In der Bündischen Jugend aktiv gewesen. Ach, so freie Pfadfinder ungefähr. Ohne Hitlergruß und so. In München durch ihren älteren Bruder Hans mit Medizinstudenten verbunden. Nahm nichts zurück. Hat nicht widerrufen. Zur Weißen Rose gehörten noch... Muss ich mal in Ruhe lesen. Amok. Was kommt da denn wieder für ´ne Meldung rein. In Deutschland. Manchmal kann man den Kasten nicht mehr sehen. Den Computer nicht und im Fernsehen am besten nur den Sport. Komm, Jens, mach aus, das Ding. In den nächsten Tagen kommt es wieder als schnelle Antwort: Sind die Ballerspiele. War frustriert. Und so. Als wenn das nur von PC-Spielen käme. Außerdem erzählen das dann Leute, die keinen Schimmer davon haben. Runterfahren die Kiste.

Lautsprecher nicht vergessen, Jens. - Wo sind denn meine Joggingschuhe? Mama, wo hast du die hingestellt. Hinter die Flurtür. Kann ich lange suchen. Doch, das wäre das Richtige jetzt. Ne Runde laufen. Besser als Amok.

## Kapitel 7 Henry Maske ist da

Wie zieht man sich da an? Wenn Henry Maske kommt? Kein Eintrittsgeld für mich jedenfalls mit Lessings Einladungskärtchen, lässig in der Hand. Klasse. Dann bin ich ja so etwas wie ein geladener Gast. Oder läuft das doch so wie bei den Freikarten für den Zirkus? Habe mal gehört, dass die Stadt denen vom Zirkus was zuschießt und dann müssen die Freikarten in den Schulen verteilen. Wenigstens Ermäßigung kriegt man dann zwischen Pudel, Pony und Popcorn auf den Rängen.

Aber das passt nicht. Das wird hier heute ein anderer Abend. Sein Comeback ist noch nicht lange her. Da hat er es noch mal allen gezeigt. Obwohl das mit den Jahren gefährlich sein soll. Wenn einen so eine Faust trifft, selbst einen Hochtrainierten, ist das nicht gerade ein Zusammenstoß mit ´nem ICE, aber ´ne Kleinigkeit bestimmt auch nicht. Maske hat es geschafft. Nach zehn Jahren Pause in der Revanche gewonnen.

Tolle Sache. Der Gentleman-Boxer. Hat clever geboxt. Wenig kassiert. Lange gewartet. Mit Köpfchen geboxt. Bin gespannt. Obwohl ich bisher hier niemand kenne. Ist ja auch nicht wirklich meine Welt. Aber im Perplex machen sie ja alles. Musik. Veranstaltungen aller Art.

„Grüß dich, Robin!“, hatte ich meinen Handballkumpel dann doch schneller entdeckt als er mich.

„Grüß dich, Jens“, was er mir angesichts des unübersichtlichen Publikums ohne Einklatschen zurückgab.

„Wollten nicht noch mehr von uns kommen? Simmy und Alex?“

„Ja, aber die wussten das noch nicht so genau. Hast du schon eine Karte?“

„Klar. Die hat einer von unseren Lehrern verteilt. Ich glaube, der kennt den Maske sogar."

Noch war die Schlange kurz. Karten gab es offensichtlich satt an der provisorischen Abendkasse. Eine Platzierung war nicht vorgesehen. Hätte uns in den Hallen auch gewundert. Über Preise sprach Robin sowieso nie. Der protzte nicht, aber ich glaube, da spielte Geld keine Rolle in seiner Familie. Fünf Euro waren für den keine Größe. Für mich auch nicht wirklich, seit ich Azubi bin, aber es gibt eben Leute, die haben es dicker als andere. Der hätte auch fünfundzwanzig Mücken für Maske ohne Mucken gezahlt.

„Sag´ mal, Robin, was macht der jetzt eigentlich nach seiner Laufbahn?"

Robin klärte mich auf.

„Genau weiß ich das auch nicht. Soll ein paar Meckes-Filialen besitzen. Ob gekauft oder so mit Franchising, das weiß ich nicht. Dann macht er solche Geschichten wie heute Abend mit Vorträgen und Seminaren. Keine Ahnung, was er dafür an Kohle nimmt. Und was er da vielleicht umsonst macht. Weil er Leute kennt oder das gut findet. Ach ja, und dann gibt er Seminare für Manager oder andere Leute, die Erfolg haben wollen."

„Du meinst", hakte ich nach, „der lässt da über Kohlen oder Scherben laufen und ruft den Leuten dann zu: Das könnt ihr! Ihr seid klasse! Ihr seid super! Nichts tut euch weh! Ihr könnt mehr ab, als ihr denkt! Ihr habt es voll drauf! Macht der so was?"

„Ach, keine Ahnung, wie das genau läuft. Heute soll es ja auch um Sport und Kraft und gegen Gewalt gehen. `Wohin mit den Kräften?´ Klingt ja ziemlich simpel. Könnte aus irgendeiner Mottenkiste stammen. - Würde mein alter Herr jedenfalls zu dem Titel sagen. Ich weiß eigentlich, wo ich hingehe mit meinen Kräften, du nicht? Trotzdem will ich den Maske sehen."

Seine Musik erklingt. So viel Show muss sein. Auch am Vortragsabend. Vangelis, oder nicht? War jedenfalls unverkennbar seine Einmarschmusik. Wenn er Richtung Boxring zog und das Publikum tobte. Mucke für Maske. Ein Ansager. Nicht ganz so wie beim Wrestling oder beim Dart-Wettbewerb, aber so ein wenig Drama gehört auch in diese Ansage wohl rein. Kommt Maske jetzt gleich in Sportklamotten hier herein?

He, jetzt geht sogar Lessing neben das Mikro. Stellt sich noch stumm und entspannt neben den Typ im feinen Zwirn.

He, da kommt der Maske. Ein Glück. Ganz normal gekleidet. Jeans, Rolli, Jackette. Braun gebrannt wie immer. Ziemlich kurz die Haare zurzeit. Sieht gar nicht gestresst aus. Einmal Winken in sein Publikum reicht ihm. Offensichtlich ist das hier wirklich kein Boxstadion.

Die blenden die Musik aus. Immerhin. Wir klatschen, ohne dass er etwas gesagt hat. Vorschusslorbeeren halt. Na ja, ist eben Maske. Hat er verdient. Hoffe ich doch.

Der Enddreißiger im noblen Anzug zählte noch einmal alles auf, was man über Maske an Titeln aufzählen konnte.

Aber dann nahm Lessing das Mikro.

„Wir freuen uns, hier nicht nur einen deutschen und international erfolgreichen Boxchamp begrüßen zu können. Sondern einen engagierten Menschen. Kraft statt Gewalt. Oder: `Wohin mit den Kräften?´ Das ist unser Thema heute. Wer sollte dazu mehr sagen können als jemand vom Fach. Der Kraft hat. Nicht nur Kraft hatte, sondern Kraft hat. Schön, dass Henry Maske heute hier bei uns ist, uns ist es eine besondere Ehre, dass du heute hier bist."

Nun war es raus. Dass `du hier bist´. Lessing und Maske kennen sich wirklich. Jetzt musste Lessing uns das aber auch noch einmal zeigen und sagen. Aber das nehme ich dir, Lessing, nicht übel. Über so ein bisschen Anteil an den Promis freut sich ja jeder.

„Guten Abend, Ihnen hier in Darten. Wohin mit den Kräften? Kraft statt Gewalt ist die Lösung. Und ist meine Losung heute und überhaupt. Hört sich einfach an. Überhaupt erlauben Sie mir die Eingangsfrage: Ist das hier ein Philosophieseminar? Philosophen sind doch die Spezialisten für die Genauigkeit bei Worten. Ist das nur eine Frage für Haarspalter? Kraft statt Gewalt. Sie werden sich vielleicht Gedanken gemacht haben. Was ist für Sie Gewalt, was ist für Sie Kraft?"

Erstaunlich, dachte ich. Keine große Rede zu Beginn. Kein Vortrag wenigstens von einer halben Stunde, sondern gleich eine Frage.

„Gewalt ist schlecht. Gewalt ist unberechenbar."

Der Mann mit dem karierten Jackett hinterließ eine gewisse Denkpause im Perplex-Allzweckraum.

„Gewalt ist, wenn am 1. Mai oder sonst wann Scheiben klirren, Autos brennen und keiner sonst aus dem Haus gehen mag."

Meinte ein Typ, der die fünfunddreißig bestimmt überschritten hatte.

„Wenn Kinder oder Frauen geschlagen werden, in der Familie, und keiner will es wissen", senkte eine der Frauen im Publikum bei den letzten Wörtern Kopf und Stimme.

„Wir sprechen ja auch von der Urgewalt des Meeres zum Beispiel", konnte Lessing sein Deutschlehrerdasein wieder mal nicht verleugnen.

Maske ließ uns gewähren. Schaute zu. Hörte zu. Machte Notizen. Wirkte gar nicht eilig.

„In Familien wird geschlagen. Und keiner sagt was. Gewalt. Das Meer tobt. Keiner kann was machen. Urgewalt. Eine Demonstration oder etwas anderes auf den Straßen ufert aus. Es herrscht Gewalt. Offensichtlich fällt ihnen eine Menge zum

Thema Gewalt ein. Wie sagte der Herr zu Beginn: Gewalt ist schlecht. Gewalt ist unberechenbar. Kraft ist gut. Kraft ist positive Lebensmöglichkeit. Ich frage Sie wieder: Wann reden Sie von Kraft?"

„Das ist ein kräftiges Kind", warf eine Dame im jungen Rentenalter ein.

„Sie meinen dann?", hakte Maske nach.

„Ja, wie soll ich sagen. Das Kind ist gesund. Nicht zu klein oder dünn. Kein Siebenmonatskind. Ein kräftiges Kind ist ein gesundes Kind."

„Also ist dann kräftig auch positiv verstanden bei Ihnen", vergewisserte sich das Box-As.

Die Dame nickte. Maske schaute ins Rund.

„Woher nimmt der nur seine Kraft? Sagen wir, wenn ein Mensch viel leistet oder etwas Schlimmes bewältigen muss."

Wieder war das ein nicht mehr ganz junger Mann mit Fast-Glatze und schlohweißem Haarkranz knapp über Ohren und Nacken.

Ist das ein Thema für Ältere? Die redeten alle so klug daher über das Leben und Babys und schwere Zeiten und so.

„Saft und Kraft reimten wir früher", schob der Herr nach. „Das hat oder der hat kein Saft und kein Kraft."

Maske sammelte wieder die Antworten.

„Kraft ist offensichtlich etwas Positives. Kraft lässt sich nicht auf Muskeln oder körperliche Energie reduzieren. Kraft hat auch mit unserem Lebenskampf zu tun. Kraft brauchen wir im Alltag. Kraft ist dann wohl die Fähigkeit zur Bewältigung. Und doch etwas anderes als Gewalt. Was halten sie denn von den Zusammenhängen von Kraft, Gewalt und Zorn?"

Lessing biss sich sichtbar auf die Germanistenlippen. Sicher hätte er uns einen Vortrag halten können. Neulich erzählte er was von den alten Römern. Ja, so etwas hätte er uns zu verklickern versucht. `Sine ira et studio´ sollen die Richter urteilen. Dürfte das Einzige sein, was Lessing meinen Hinterkopf-Hinterlassenschaften aus gymnasialen Zeiten noch entreißen konnte, als er es neulich ansprach. Ohne Zorn und falschen Eifer soll ein Richter arbeiten und urteilen. Lessing hielt sich zurück. Weil Zorn und Eifer blind und unüberlegt machen können.

„Zorn ist blind. Zorn ist unüberlegt. Zorn passt gut zu Gewalt. Zorn ist vielleicht ein gewaltiger und gewalttätiger Ausbruch von Gefühlen."

Maske schaute den Mann in der zweiten Reihe voller Respekt an.

„Zorn ist normal. Wenn ich einen Schiedsrichter erlebe und meine, der pfeift Mist, dann bin ich zornig. Dann muss ich aufpassen, dass ich kein Gelb wegen Meckerns kassiere", fühlte sich Robin neben mir zu einem der ersten jüngeren Beiträge im Saal berufen.

„Sie spielen Fußball?" Maske hörte offensichtlich weiter aufmerksam zu.

„Nein, ich spiele Handball. Da gilt dasselbe. Revanchefouls in vollem Zorn gehen einfach nicht. Und mit Schiedsrichterentscheidungen musst du genauso klarkommen wie beim Fußball."

„Womit wir zum Kern unseres Themas kommen", nahm Maske Robins Sätze als Übergang zu seinem speziellen Thema.

„Kraft statt Gewalt. Wohin mit den Kräften? Natürlich ist mein Anliegen heute: Macht Kraft aus Gewalt. Lebt mit Kraft, aber ohne Gewalt. Schauen Sie sich diesen Ausschnitt an. Der stammt aus einem Box-Film. Vielleicht kennen Sie den Ausschnitt. Der Film ist noch gar nicht alt. Napola. Schauen Sie sich den Kampf an."

Mucke überließ uns der Szene. Mir dämmerte, welchen Film er meinte. Da kommt ein blonder Typ in so ein Elite-Internat der Nazis. Er meldet sich dort an, obwohl sein Vater das nicht will.

Er fälscht die Unterschrift des Vaters, weil er da unbedingt hinwill. Weil er was werden will. Und die örtlichen Nazigrößen halten denn auch große Reden für den Nachwuchs. `Eines Tages werdet ihr nicht die Gauleiter von Mecklenburg oder von Brandenburg, sondern von Moskau oder New York sein´. Der Blonde in der Hauptrolle, der kann super boxen. Die Napolas messen sich natürlich untereinander und mit anderen Sportstätten. Genau, den Film kenne ich. Am Ende nimmt sich sein Freund das Leben, weil er die Lügerei und Unmenschlichkeit an der Napola, bei seinem Vater und bei den Nazis überhaupt nicht mehr ertragen kann. Was wird Mucke uns zeigen?

Ach, die Szene. Johlende Uniformierte. Nazigrößen und Wanna-be-Führer mit ihren treuen Untergebenen. Schrei- und Pöbelstimmung. Kampf. Boxkampf. Volle Pulle. Trainierte junge Kämpfer. Ohne Frage. Klar. Das meint er. Da gibt es kein Ende. Kein Auszählen. Keinen Abbruch durch den Ringrichter vor der Ohnmacht. Sieg und Niederlage ohne Gnade. Du kämpfst bis zur Bewusstlosigkeit. Kein Abbruch wegen Verletzungsgefahr. Oder weil einer der Kämpfer nicht mehr bei Sinnen ist. Deshalb hat er das eingespielt. Kampf ohne Erbarmen. Kampf ohne Ende.

„Kennen Sie den Film? Napola! Da geht es um eine Eliteschmiede in der Nazizeit. Da wird gekämpft, bis einer bewusstlos ist. Da haust du zu, da sollst du zuhauen, wenn dein Gegner schon am Boden liegt, aber seine Augen irgendwie gerade noch aufbekommt. Das ist Boxen bei den Nationalsozialisten. Jedenfalls in „Napola". Aber ist das Boxen? Das ist wohl eher Gemetzel mit den Fäusten. Eine Faust ist eine Waffe. Wir tragen Waffen mit uns. Wir machen uns das nur nicht immer so klar."

Dabei drehte Maske seine Faust, natürlich ohne frühere Berufskleidung und –polsterung, in der Luft vor unseren Augen herum.

„Kraft braucht Regeln. Kraft akzeptiert Regeln. Kraft lebt mit Regeln. Gewalt passiert. Sie bricht aus. Wie ein Vulkan oder ein schwerer Sturm. Sport hilft, Regeln einzuüben. Sport schult die Kraft und uns Menschen überhaupt. Wir sind nämlich keine Vulkane und keine Tiere und keine Stürme. Wir sind Menschen. Es sei denn, der Sport dient anderen Ideen, Zielen oder Zwecken. Wie bei den Napola-Boxkämpfen. Dann werden wir Menschen abgerichtet. Damit wir keine Menschen mehr sind. Wissen Sie, wie der Film Napola ausgeht?"

Einige in dem vielleicht mit achtzig Leuten besetzten Vortragssaal meldeten sich.

„Die junge Dame da vorne vielleicht?"

„Die Hauptperson, ich meine, die heißt Friedrich, lernt an dieser Schule den Sohn einer örtlichen Nazi-Größe kennen. Der erträgt die Lügen dort nicht mehr. Friedrich will am Ende auch nicht mehr Erfolge sammeln für den Ruhm dieser Nazi-Leute. Albrecht nimmt sich sogar das Leben, weil er die nächtliche Erschießung von unbewaffneten Gefangenen nicht hinnehmen will."

„Ich merke", freute sich Maske, „Sie haben den Film gesehen und schätzen gelernt wie ich. Die Sportler dort werden benutzt. Zum Ruhm der Funktionäre. Aber die Hauptpersonen wollen ihre Menschlichkeit nicht verlieren. Hieße umgekehrt: Wenn Sport unsere Menschlichkeit tatsächlich befördert und uns Menschen nicht zu Zwecken anderer Menschen macht, dann macht er etwas Tolles. Wissen Sie, warum Cassius Clay, Muhammad Ali nannte er sich später, mit dem Boxen angefangen hat?"

Meine Stunde. Referate lohnen. Mehmed und Lessing sei Dank.

„Der junge Ali wollte nicht hinnehmen, dass ihm einfach jemand das Fahrrad gestohlen hatte. Der wollte sich wehren können."

Maske sah mich an.

„Sie haben sich mit Ali beschäftigt?“

„Kann man so sagen. Lohnt sich ja auch. War und ist ein kluger Mann!“

Wenn ich eines nicht erwartet hätte, dann die Anrede durch den Star des Abends. Er schaute mich erwartungsvoll an. Zeigte sich gar nicht unter Druck, möglichst schnell das Gespräch wieder in seine Boxerhände zu bekommen, sondern nickte mir zu.

„Sie werden uns auch noch sagen, warum Ali heute noch ein kluger Mann ist. Bestimmt. So, wie Sie von ihm reden.“

„Nun“, fuhr ich fort, „wir machen in der Berufsschule gerade so eine Art Heldenwettbewerb. Passt eigentlich prima zu heute Abend. Bei diesem Wettbewerb haben wir uns auch mit Ali befasst. Nach dem 11. September 2001 war Ali einer der Ersten, die zu den Anschlägen der Piloten klare Worte fanden. Er hat gesagt: `Die das getan haben, waren keine Muslime, sondern Mörder´. Mörder sollten sich nie auf Bibel oder den Koran berufen. Ali ist ja selbst Moslem. Amerikanischer Moslem. Da hatte seine Stimme Gewicht. Er sagte und sagt immer noch, der Islam ist eine Religion des Friedens. Deshalb habe ich gesagt. Er ist ein kluger Mann. Nicht nur: Er war ein kluger Mann.“

Seitlich sah ich einen fröhlich-stolzen Lessing mir zunicken. In dem Moment dachte ich wieder, dass wohl keiner Ali mehr Gold oder wenigstens den Platz auf unserem Siegertreppchen ernsthaft streitig machen könnte.

„Und Sie sind gewiss auch ein kluger Mann. Danke. Ich erinnere mich jetzt an Ali und `Nine-Eleven´. Aber dass er da so schnell war... Danke. Gewalt. Die wurde da wahrhaftig ausgeübt. Sinnlose Gewalt. Mehr als dreitausend Menschen sind in den Zwillingstürmen, im Pentagon und auf dem Feld des Flugzeugabsturzes ums Leben gekommen. Weil nicht fair gekämpft, sondern Gewalt ausgeübt wurde. Also, wir haben bei diesem

Ausflug gemerkt, dass die Frage von Kraft und Gewalt auch eine Frage in der großen Politik ist. Blinde Gewalt, Terror, das kann zu nichts führen als Chaos, Angst und Tod. Kraft spielt nach Regeln. Also: Ali war ja kein Kind von Traurigkeit. Als junger Mann war er nicht kleinlich, eine Zeit war er bei einer schwarzen Bewegung, die Weiße als minderwertig ansah. Aber er ging seinen Weg als Boxer. Nicht als Rächer auf der Straße. Der Fahrraddiebe totschlägt. Machst du Sport, zeigt Alis Anfang mit dem Boxen nach dem Fahrraddiebstahl, sammelst du Selbstvertrauen. Und das will ich besonders mit meinen Jugendprogrammen."

Der Herr mit dem feschen Anzug, uns wenigstens von der Begrüßung zu Beginn des Abends bekannt, erzählte nun auch seine Geschichte. Dass er seinen jetzigen Erfolg als Verpflichtung begreife, andere zu bestärken, bei denen es nicht so gut im Leben läuft. Er erzählte von Frust, von Null-Bock, von engen Wohnungen, von mangelndem Selbstvertrauen, von der Sackgasse Computer-Spiele und dass er vor Ort da \`etwas machen wolle´. Kraft statt Gewalt sei auch sein Motto.

Große Überraschung. Auch Lessing bekam seinen Auftritt.

„Was wir hier bedenken, ist ja auch nicht neu. Schon die alten Griechen schrieben und philosophierten nicht nur, sondern machten Sport. Nicht umsonst haben die Olympischen Spiele ihre Ursprünge im alten Griechenland. Die alten Römer wünschten sich: mens sana in corpore sano sit! In einem gesunden Körper möge ein gesunder Geist wohnen! Also ist das alles nicht neu. In unserer modernen Zeit hat Konrad Lorenz vor Jahrzehnten ein bekanntes Buch über \`Das sogenannte Böse´ geschrieben. Wir Menschen sind aggressiv. Schrieb er. Aber Aggression ist nicht einfach böse. Aggression kommt von \`aggredi´ im Lateinischen, von Herangehen, Heranschreiten. Etwas angehen. Das ist doch gut. Also sind wir uns heute einig. \`Kraft ist gut. Gewalt ist blind'. Deshalb sind die Sport- und Sozialprogramme eine wichtige Geschichte."

Nun war wieder der Herr mit diesem Anzug aus einer Vorstandsetage dran. Irgendwie ein Schmidt-soundso-Hausen.

„Sehr geehrte Damen und Herren. Sehr geehrter Henry Maske! Wir freuen, dass wir heute Abend nicht nur reden, sondern auch ein paar von unseren engagierten Sportlern sehen und erleben werden. Ich bitte Sie um einen angemessenen Applaus."

Das Publikum hatte offensichtlich Lessings Ausflügen ins antike Griechenland und Rom nur noch mit nachlassender Aufmerksamkeit folgen können. Alles entspannte sich im Raum. Alle Anwesenden nahmen dann nach einem freundlichen Beifall aber zügig eine neue Haltung der Gespanntheit ein. Wer würde kommen? Neue Redner? Was für Engagierte?

Das gibt es nicht! Dachte ich. Mein überraschtes Schlucken ließ gewiss meinen Adamsapfel unter dem Sommerpulli eilends von oben nach unten tanzen. Kein Wort hatte er vorher gesagt. Keine Einladung ausgesprochen. Auf jede Werbung in eigener Sache verzichtet. Jedenfalls in unserer Klasse.

Mehmed zog in den Raum ein. Nicht mit Alltagskleidung, nicht mit Trainingsanzug. Sondern in voller Box-Montur. Nur die fehlenden Schweißperlen zeigten dem Kenner, dass die drei Jugendlichen, mit Mehmed in der Mitte, nicht gleich in den Kampf ziehen wollten. Hellblau glitzernd, metallic-grau schimmernd, bunt irritierend ihre textilen Zeugnisse sportlicher Aktivität, winkten sie einmal kurz in den Raum mit ihren Boxhandschuhen. Ähnlich wie Maske das bei seinem Kommen gemacht hatte.

„Ich darf vorstellen: Pajtim, Mehmed und Viktor."

Das Publikum entschloss sich noch einmal zu einem freundlichen Applaus kurzer, höflicher Art.

„Pajtim, seit wann boxt du?"

„Guten Abend.“ Dabei nickte er zu uns herüber, um schnell wieder sein Wort zu finden.

„Ich boxe seit drei Jahren. Ich komme aus Kosovo. Ich bin hier zur Schule gegangen. Boxen ist gut. Trainer ist gut. Maske ist gut.“

„Pajtim, auf welche Schule gehst du?“

„Ich gehe jetzt zur Berufsschule Ost. In Berufsgrundschule. Holz.“

„Wie oft trainierst du?“

„Ich trainiere vier Mal in der Woche. Zwei Mal Kraft und Laufen. Zwei Mal Technik.“

Dann ging der Hobby-Moderator zu Viktor, den ich ja auch aus Mehmeds Boxstall kannte.

„Viktor, ist das auch dein Trainingsprogramm?“

„Ja, kannst du sagen so. Wir trainieren viel zusammen. Manchmal ist an Wochenende Wettkampf.“

„Viktor, du bist nicht in Darten geboren?“

„Hört man das nicht? Bin Russe. Sagen Leute hier. Russe. Meine Oma und mein Opa sind Deutsche. Wisst ihr – Aussiedler. Mein Papa ist Russe, wirklich Russe.“

„Wann bist du nach Deutschland gekommen?“

„Da war ich neun. Konnte kein Wort nicht sagen. Nicht `Guten Tag´ und nicht `Danke´. Dann habe ich viel Scheise gebaut. Mit vierzehn, fünfzehn. War bei Gericht und Jugendamt und so. Und dann bin ich zu Ossie.“

„Die Herrschaften hier wissen gar nicht, wer Ossie ist.“

„Ossie ist beste Trainer von Welt. Ist immer da. Weiß alles über linken Haken, rechten Haken, Essen und Trinken. Ist heute leider nicht hier. Ossie ist unser Box-Papa.“

„Essen und Trinken? Wieso ist das bei euch Thema?“

Viktor ließ sich nicht zwei Mal bitten. Er lächelte wissend, als dürfte man merken, dass er jetzt zwar keine Einzelheiten erzählen möchte, aber er sein Vorleben und seine wilde Zeit eben gehabt hätte.

„Nu, wenn du boxt, kannst du nicht essen wie ein Schwein. Musst du essen wie ein Mann des Sports. Du kannst nicht trinken wie ein Loch. Wir kennen das. Wodka heute, Wodka morgen, das machen viele. Hat Viktor auch gemacht. Dann schlägst du dich. Kommt Polizei. Und du weißt nicht mehr, was war. Ossie spricht über Essen und Trinken. Aber manche Leute trinken gar nicht."

Dabei kippte Viktor seinen Kopf wie einen Zeigestock zu Mehmed herüber. Schmidt-soundso-Hausen verstand den Wink mit dem Zaunpfahl. Er ging einen Schritt weiter. Hielt das Mikro mit einiger Gelassenheit zuerst wieder vor seinen schmalen Mund, der aus einem breiten, kräftigen Kinn neugierig hervorstand.

„Nun stelle ich Ihnen eines unserer Dartener Talente vor. Wer den lokalen Sport verfolgt, weiß, dass Mehmed Aydogan zuletzt schon um den westdeutschen Meistertitel der A-Jugend geboxt hat. Mehmed ist auch schon lange dabei. Boxt im Boxstall Nord und ist im Projekt `Kraft statt Gewalt´ dabei. Nach Viktors Worten werden sich einige Zuschauer für den Trainer interessieren!"

„Klar. Ich bin auch bei Ossie. Ossie ist unser Boss. Ossie sagt, wo es lang geht. Also ich bin von Türkei. Oh, da sitzt mein Deutsch-Lehrer. Habe Sie schon gesehen heute Abend. Ist Herr Lessing. Ich bin nicht von Türkei. Ich bin aus der Türkei."

Gelächter in den Reihen. Mehmed hatte mal wieder für einen lockeren, überzeugenden Anfang gesorgt. Wie heißt noch mal der Typ, der da Comedy im Fernsehen macht? Hat Türkisch und Deutsch, Leben zwischen den Sprachen und Welten voll drauf? Wie heißt der noch mal. Ja, so einer wird Mehmed auch einmal, wenn er so weitermacht.

„Sie sehen, wir sind alle keine Bleichgesichter. Ich bin ein bisschen dunkel. Pajtim ist ein bisschen dunkel. Viktor" – dabei machte er eine Kunstpause und schaute an seinem rechten Nachbarn herunter – „der ist eine russische Granate. Aber kein Klitschko. Ein Putin."

Mehmed hatte da bereits wieder einige Lacher auf seiner Seite. Nur die Unterscheidung zwischen Ukraine und Russland, die hatten etliche Leute nicht so schnell gerafft.

„Also wir sind für Kraft und nicht Gewalt. Ist ganz einfach. Gehst du in Darten auf die Straße. Bist du bei einer Feier. Dann geht das Spiel ganz schnell. Die Sätze fangen alle so an: Deine Mutter... Oder: Dein Land... Oder: Dein Allah... Dann geht das los. Geht wie bei einem Apparat. Du wirfst fünfzig Cent rein. Und das Kaugummi kommt. Aber wenn da einer Streit will. Mit oder ohne Alkohol. Dann gibt das drei Wege. Deine Mutter, Dein Land, Dein Gott. Manche Leute sind so doof. Sie spielen immer mit. Sie schlagen dann zu. Wie bei einem Kaugummiautomaten. Aber du wirfst nicht 50 Cent, du wirfst eines dieser Worte: Deine Mutter ist – Sie wissen schon. Dein Land ist – dann kommt das Wort, das ich nicht sagen darf. Dein Allah ist – und dann kommt etwas Böses."

Genial, wie Mehmed das erklärte. Dieses Spiel läuft so Tag für Tag. Eigentlich super. Was da gerade auf der Einfach-Bühne abgeht. Ein Kosovare, ein Russe oder halber Russlanddeutscher, ein Türke. Und es geht.

„Viktor, sag den Leuten mal, wie wir das machen, wenn sich einer in der Königstraße schlagen will. Oder zwei oder drei. Es ist fünf Uhr am Nachmittag."

„Ganz einfach. Haben wir schon mal gemacht. Wir laden ein. Zum Boxstall. Ossie hat Schuhe, Hose, Boxhandschuhe. Dann wird gekämpft. Dann brauchen wir keine Sparringspartner. Dann nehmen wir die."

„Sie lachen", ergänzte Mehmed. „Wir meinen das ernst. Keiner traut sich dann. Nicht immer geht das. Aber das ist klasse. Wir kämpfen, aber nach Regeln. Okay, gegen Viktor und mich hat noch keiner von der Straße gewonnen. Ist auch nicht leicht."

Mehmed war das Wohlwollen seines Publikums sicher. So legte er noch einmal nach.

„Übrigens. Wenn wir zwei halbe Dunkelgesichter und dieses Blassgesicht hier so stehen. Denken Sie immer an Samy de luxe. Ja, dieser Rapper mit der dicken Hose. Hat ein tolles Lied gemacht. Der Junge ist noch dunkler als ich. Dis is´wo ich herkomm. Der singt: Dies hier ist unser Deutschland. Dies hier ist euer Deutschland. Ich bin hier geboren. Ich, Mehmed, sage oft noch: Ich bin von der Türkei. Weil Mama und Papa von der Türkei. Entschuldigung, Herr Lessing, aus der Türkei sind. Müssen endlich aufhören die Leute wie ich, nur über dieses Land zu meckern. Samy de luxe hat Recht. Hier musst du was machen. `Ich will lieber etwas tun´ singt Samy de luxe. Dies ist das Land wo wir leben. Dies ist das neue Deutschland. Ihr kennt den neuen Samy nicht? Müsst ihr aber. `Dass Leute endlich aufwachen und anfangen zu reden über ´n paar andere Themen als Promis, Fußball und Wetter. Zum Beispiel wie man die Bedingungen unserer Jugend verbessert und zwar jetzt man. Denn dies ist euer Deutschland.´ Das machen wir. Jammern war gestern. Kraft oder Gewalt? Kraft!"

Mehmed erntete einen spontanen Applaus, mit ihm verbeugten sich Pajtim und Viktor. Es legte sich eine Mischung aus Zufriedenheit und Aufbruchsgefühl über den Saal, wenn ich die Gesichter der Leute neben und vor mir richtig deutete.

Dann ergriff Schmidt-soundso-Hausen wieder das Wort.

„Ich hoffe, meine Herren, Entschuldigung, meine Damen und Herren, Sie haben einen kleinen Einblick gewonnen, was wir eigentlich wollen. Kraft statt Gewalt."

Lessing kam auch noch einmal nach vorne. „Ich habe bei Euren Geschichten daran gedacht, dass ihr eigentlich richtige Vorbilder seid. Wenn andere sich auch gegenseitig beleidigen, lasst ihr euch nicht beleidigen."

„Klappt nicht immer", warf Pajtim ein.

„Jedenfalls macht ihr bei Provokation und wilder Schlägerei nicht mit und holt die Leute in euren Boxschuppen. Das klingt gut. Mir ist noch einmal klar geworden, dass es noch ein schönes Wort gibt, das ihr uns erklärt habt. Gewalt ist etwas anderes als Stärke. Stärke liegt nahe bei Kraft. Der Gewalttätige ist oft der Schwache. Der Gewalttätige ist nur scheinbar der Starke. Der Starke lässt sich nicht einfach provozieren und schlägt keine Schwächeren."

„Viktor sagt immer, weil Ossie immer sagt: Klitschko schlägt keine Kinder", ließ sich Mehmed sein letztes Wort vor versammelter Mannschaft nicht nehmen.

Schmidt-soundso-Hausen sprach nun noch einmal den Promi und Ehrengast des Abends an.

„Lieber Henry Maske. Sie sehen: Unsere Stadt arbeitet mit Ihren Ideen. Wir freuen uns über Ihre Unterstützung wie heute Abend, Ihre finanzielle Hilfe, ohne die unser Trainer- und Betreuerstab nicht existieren könnte. Auch der Eintritt für den heutigen Abend bleibt übrigens für unsere Arbeit in Darten. Ein letztes Wort von Ihnen? Ach nein, zuerst vielen Dank - Pajtim, Viktor und Mehmed!"

Maske holte noch einmal aus. Mit Worten und Gedanken natürlich.

„Manche Menschen meinen, wir Boxer sind Draufhauer. Entscheiden Sie selbst, wenn Sie diese jungen Leute gesehen und gehört haben. Wir haben heute auch von Muhammad Ali gehört. Der zur Verständigung zwischen Religionen und Völkern aufruft. Der große Boxer des 20. Jahrhunderts. Ich möchte am Ende aber noch an einen großen deutschen Boxer erinnern. An Max Schmeling. Die Älteren hier im Vortragssaal werden noch wissen, dass er in der amerikanischen Höhle des Löwen bestehen konnte. Dass er ein deutsches Sportidol war. Auch deshalb, weil er sich wie Fritz Walter, der Fußballer der 54er Weltmeistermannschaft in seinem Privatleben als erfolgreicher und für Menschen engagierter Sportsmann erwiesen hat. Max Schmeling wurde fast einhundert Jahre alt. Seine Gegner waren nicht seine Feinde. Im Gegenteil. Noch im Alter hatte er Kontakte zu Menschen in aller Welt. Wir Boxer lieben Kraft und hassen Gewalt."

Mucke für Maske again. Abgang nach Maß. Das Perplex leerte sich schnell wie unser Schulhof beim zweiten Klingeln.

Ich gratulierte Mehmed. Das hatte er sich mehr als verdient.

Voll guter Gedanken nach Hause gegangen. Samy de luxe noch mal abgehört. Dis wo ich herkomm.

Liebe aber auch meinen Handball. Es muss nicht Boxen sein. Aber die Idee ist einfach und genial. Kämpf! Aber kämpfe nach Regeln.

## Kapitel 8 Kurdistan gegen Kasachstan

„Jens, ich habe heute nicht so viel Zeit für uns zwei. Ich muss mit Hermann in ein Altenheim."

„Klar, Opa. Verstehe ich. Muss dein Nachbar denn jetzt ins Heim?"

„Es gibt da zwar Neffen und Nichten, aber die lassen nichts von sich hören. Hermann hat einen Sohn. Aber der ist irgendwann Richtung Portugal abgehauen. Meint Hermann. Ich habe jetzt niemanden mehr, den ich fragen kann. Da geht ein Mann vom Sozialamt mit uns mit."

„Aber du bist doch so ein Betreuer?"

„Ja, aber nur für die Regelung seiner Finanzen. Wo er wohnt, was seine Gesundheit macht, die Finanzen ein Mal im Jahr zur Kontrolle durchsehen, das macht ein Mann von der Stadt."

„Wenn *du* mal...", wollte ich ansetzen.

„Du meinst, wenn ich mal nicht mehr allein kann?"

„Ja, dann..."

„Machen wir eine WG zusammen auf, und du musst meine Unterhosen Marke Hermann Spezial waschen, und ich mache vom Balkon aus rassige Ladies an, und deine Frau kriegt ´nen Föhn. Da denk´ mal nicht zu lange drüber nach. Ist ja schön, wenn du das sagen willst."

„Wer sagt dir, dass ich mal eine Frau haben werde?"

„Na ja, du bist ein netter Typ, ganz sportlich, lernst ´nen vernünftigen Beruf, bist nicht auf den Kopf gefallen, ein gerader Kerl, wenn ich eine junge Dame in deinem Alter wäre, dann..."

„Opa, jetzt hör du aber auf. Im Moment ist bei mir Flaute. Da ist nur eine, die ich toll finde."

„Hast du ihre Telefonnummer?"

„Nein, Opa, wieso denn. Das geht doch nicht."

„Mann, bist du ein Anfänger."

„Komm, das hast du aus `Good Will Hunting´ geklaut. Robin Williams zu Matt Damon. Aber die haben ja schon was mit einander. Der Good Will und die Studentin. Als der das sagt. Du verstehst nicht. Die ist nicht so eine."

„Was meinst du? Deine, wie hieß die doch. Die war doch auch ganz nett."

„Das weißt du? Das war Jenny. Aber die ließ mich nicht mal zum Handball. Hat ständig hinter mir her telefoniert. Und sie selbst knutscht mit ´nem anderen rum. Das ging gar nicht."

„Ach so. Du hast damals nicht gesagt, warum das auseinander ging."

„Bevor es so richtig angefangen hatte. Vorbei. Aus und vorbei. Ich glaube, ich habe auch noch gar keine Lust, was Neues anzufangen."

„Aber da ist eine, die ist nicht so eine. Nun lass den neugierigen Großvater mal nicht so zappeln. Schweigepflicht. Ehrenwort. Mama erfährt nichts."

„Mama kriegt doch sowieso nichts mit. Ein freundliches gemeinsames Frühstück alle paar Wochen ist das Höchste der Gefühle. Also: Die heißt Fatimah."

Opa zeigte sich überrascht. Seine Augen verrieten mir, dass er sich sehr in Kontrolle nahm, um mir bloß nicht mit Wertungen und Bedenken in die Quere zu kommen. Er schwieg.

„Jetzt bist du baff, was? Jenny klingt schon anders, nicht? Also: Da ist bisher gar nichts. Aber Fatimah sieht gut aus. Ist lustig. Ist mutig. Hat eine eigene Meinung. Denkt nach. Und ich freue mich jedes Mal, wenn wir uns sehen und sprechen. Ich würde sagen: Die ist toll. Ich finde sie klasse. Mehr nicht."

„Bleib ruhig. Ist doch deine Geschichte. Ist nur manchmal sehr kompliziert, wenn eine Türkin..."

„Sie ist keine Türkin. Fatimah kommt aus Nordafrika. Sie trägt kein Kopftuch. Komm, jetzt verdirb mir nicht die Laune und dir nicht. Ich weiß, was du sagen willst. Das kann ganz schön daneben gehen. Wenn ein Junge und eine Lady zusammen sind, und sie ist Muslimin. Klar habe ich schon nach Cousins oder großen Brüdern Ausschau gehalten. Habe keinen gesehen. Aber ich kenne noch keinen Vater und keine Mutter. Ich weiß ja, das wird nichts. Aber..."

„Du findest sie toll. Das reicht doch. Ist doch auch gut, dass du dir Zeit lässt. Dann klärt sich doch, ob was dran ist. Und ob das gehen könnte."

„Mensch, Opa, du weißt doch. Ich würde nie einfach so eine schnelle Geschichte durchziehen. Ab in die Büsche oder so. Das hat doch keinen Stil."

„Na ja, wenn man weiß, was man will und beide wissen, was sie wollen..."

„Jetzt musst du mir nicht erzählen, wie du Oma in die Büsche gezogen hast. Tschuldigung. Wollte nicht so heftig reden. Wirklich nicht. Übrigens. Unser Helden-Wettbewerb geht in die letzte Runde. In einer Woche soll die Siegerehrung sein. Gestern war ich im Perplex bei Maske."

„Ach ja, der hat uns die Ehre gegeben. Und wie war´s?"

„Gut, richtig gut. Und Mehmed, mein Klassenkamerad, selbst Boxer, war auch da und hat mit zwei Kollegen vom Boxen erzählt. Kraft statt Gewalt. Also Ali landet bestimmt auf der Treppe."

„Übrigens, Jens. Du wolltest meinen Obama ja nicht so hören. Was hat der jetzt gemacht? Reist nach Europa und sagt, er will die Atomwaffen abschaffen. Er will zuhören und nicht nur aus Amerika diktieren. Er will Gemeinschaft mit allen islamischen Staaten. Der Mann ist ein Held. Der muss die ganzen Bush-Trümmer wegsammeln und ´ne Menge zerbrochenes Geschirr kleben. Will endlich eine Krankenversicherung für so ziemlich alle Menschen in den Vereinigten Staaten einführen. Wie der auch vor die Leute tritt! Mutig. Locker. Direkt. Gar nicht versteckt hinter dicken Papieren oder Mikrofonen. Der macht Hoffnung. Wäre für mich ein Kandidat."

„Opa, vielleicht nächstes Jahr. Wenn wir wieder so einen Wettbewerb machen. Aber noch ist bei unserem Wettbewerb ja auch gar nichts entschieden. Vielleicht gewinnt ja noch der Neue auf dem Präsidentensessel. Seine Frau ist ja auch nicht schlecht."

„Wenn du übrigens mit Ali kommst. Wenn ihr sagt, wie mutig der nach dem 11. September war. Dass er da was klargestellt hat. Dann denk mal an den Obama. Jetzt ist er Christ. Aber durch seinen indonesischen Stiefvater hat er auch Koranunterricht durchlaufen, kennt außerdem noch was vom Buddhismus, war dann in Amerika auch als Sozialarbeiter für eine christliche Gemeinde aktiv. Der Mann kann verbinden. Holte jetzt in der Türkei beim Gespräch mit jungen Leuten seinen zweiten Vornamen Hussein heraus."

„Opa, jetzt wird es schwierig. Also die Fatimah ist ja die Tochter von Mohamed. Ihr Mann ist Ali. Die begründen eine Seite des Islam, wenn ich das richtig verstehe. Fatimah musste gegen die Nachfolger von Mohamed kämpfen, sich verteidigen. Und zu ihr gehört Hussein. Mit Hussein bist du eher auf der schiitischen Seite. Der ist bei denen ein Held."

„Na, na, na. Da ist gar nichts? Du hast sie nur gesehen? Seit wann machst du dich denn schlau über den Islam? Fatimah. Ich kann mir nicht vorstellen, dass du vor ein paar Monaten so etwas sagen konntest."

Nun wurde mir das Thema ehrlich gesagt zu heiß.

„Ich habe übrigens auch jemanden kennengelernt", füllte Opa meine Denkpause. Das saß.

„Ist doch prima. Wann lerne ich Sie kennen?"

Irgendwie passte das jetzt nicht. Muss sich mein verehrter Großvater bei mir seine Neue absegnen lassen? Bin ich die Familie, die den Daumen hebt oder senkt? Muss eigenartig geklungen haben, dieser letzte Satz. Opa ist ein freier Mensch. Was rede ich da.

„Ich meine, ich fände das toll, wenn ich sie auch mal sehe."

„Also: Du hast deine Fatimah. Oder hast sie noch nicht. Ich habe eine Helga. Aber das ist eben auch noch nicht so, dass ich sagen würde: Wir sind ein Paar. Ach, was sage ich dir das überhaupt?"

„Opa. Wir Männer müssen zusammenhalten!"

Dabei drückten wir uns. Was ehrlich gesagt auch bei meinem Opa eine Besonderheit darstellte. Ich schwang mich auf mein Rad.

Opa hat eine Helga kennengelernt. Wieso auch nicht. Oma ist nun schon eine Weile tot. Er ist eine gute Partie. Kann kochen. Ist nicht auf den Kopf gefallen. Hat Humor. Ist über das Gröbste hinweg. Ne Überraschung ist es trotzdem schon. Aber wo die Liebe hinfällt.

He, was ist denn hier los? Ich glaube, hinter mir da tuten und quieken gleich mehrere Polizeiwagen. Soll ja auch öfters was los sein hier in der Gegend. Muss mich ja nicht stören. Mit Rad kommste immer durch, Jens. Sind ja nur noch zwei, drei Abbiegungen. Bin gespannt, was mir Mehmed an Ali-Material zeigt. Wir waren zwar nicht auf die Minute vereinbart. Ach, da fahr ich durch.

Ausgehängte Papierkörbe. Ein paar Räder liegen da herum. Hui, das könnte frisches Blut sein. Eine zurückgelassene Jacke. Ein Turnschuh.

Da ist gerade was passiert. Jetzt links herum. Oh la la. Ich bin denen praktisch auf den Fersen. Was heißt hier denen? Wie viele sind das? Dreißig, vierzig? Da drüben stehen noch zwei

Gruppen. Oder zwei Truppen. Die sind voll in der Schlägerei. Biege ich jetzt ab. Zu spät? Fahre ich zurück?

Da geht es voll zur Sache. Die Geschichte läuft noch.

Nein, da ist Artur, der Boxer vom Boxstall Nord. Der den Ellenbogen von Ali ins Gesicht und das Knie in die Weichteile bekommen hat. Artur mit einer Truppe Russlanddeutscher. Die Hälfte kahlgeschoren. Dass man sie glatt mit Neonazis verwechseln könnte.

„Pisser, Wichser, Scheiß-Türken. Feiglinge."

Ich konnte nur einen Bruchteil der deutschen Textfetzen verstehen.

„Scheiß-Russen. Schweinefresser."

Von den türkischen oder kurdischen oder arabischen Textfetzen konnte ich noch weniger verstehen.

Aber auf der rechten Seite konnte ich nun Ali identifizieren. Klein-Ali. Und das Gesicht aus dem Boxstall Nord, das ihn bei seinen Beschimpfungen unterstützt hatte.

„Die Polizei ist schon unterwegs!"

Ich rief so laut ich konnte.

„Die Bullen kommen. Die Bullen kommen!"

Ich wusste nicht, ob ich jemals etwas so laut und so wirkungslos durch eine Straße gebrüllt hatte.

„Aufhören!"

Ich stellte mein Rad ab.

Rechts lagen drei oder vier aus der Orient-Front schon am Boden. Konnten sich aber alle noch wieder aufraffen. Das Geschrei wuchs. Richtig harte Schläge waren zu hören. Stöhnen auf allen Seiten. „Für Artur" hörte ich einen der Russen rufen, bevor er einen Typ neben Ali mit einem satten Schlag mitten ins Gesicht zu Boden streckte. Ein Türke oder Kurde, komisch, plötzlich kämpft sich´s auch gemeinsam, nahm einen Stein aus der Straßenbaumeinfassung. Checkte flüchtig die Lage und traf einen blonden, kurzhaarigen Russen im Bauchbereich. Der knickte ein, schrie, stöhnte und gewann zwei Kampfkollegen, die sich auf den Werfer stürzten, der mit einem Knall auf den Boden schlug und sein blutiger Kopf schnell den Pflasterstein einfärbte, aber die Dreiergruppe noch auf ihn einschlug. Die Lage eskalierte. Von hinten stürmte noch eine orientalische Personalauffrischung an. Es könnten noch einmal zehn oder zwölf Leute als Hilfstruppe für Ali dazugekommen sein. Das Verhältnis Arturs Faustkämpfer gegen Ali Steinewerfer und Treter dürfte nun ein Drittel zu zwei Drittel betragen haben. Der Nachschub erhöhte den Mut und die Geschwindigkeit von Alis Kloppertypen. Soll ich da mitmischen? Noch einmal schreien? Zurück zur Polizei, dass die bloß nicht zwei Straßen vorher das Problem suchen und finden wollen? Dass es *hier* gerade knallt. Eigentlich könnte so in der Nähe seines Hauses...

Da ist er! Da kommt er. Mehmed mit einem Begleiter. Zu dem hin. Ja, was kann da schon Einer alleine machen. Rüber zu Mehmed.

„Du hier?", fragte er mich.

„Wollte doch zu dir heute, gleich. Aber..."

Die Lautstärke ließ mit einem Mal merklich nach. Die Truppen hatten sich neu oder wieder sortiert. Das Ganze wirkte wie eine abrupte Kampfpause. Unerklärlich eigentlich. Was bei den sieben, acht Leuten war, die gerade auf dem Boden lagen, hätte selbst der Notarzt erst erkunden müssen. Die schienen nicht der Grund für ein Zur-Besinnung-Kommen zu sein.

Artur und Ali standen sich gegenüber, nun setzten wieder Rufe ein: „Kontschi!"

Hieß das nicht so etwas wie: \`Mach Schluss!´

„Hurensohn" schallte von orientalischer Seite zurück.

Aber die Spannung lag auf Alis Messer. Klar, dass der gegen Artur bei einem ehrlichen Kampf mit bloßen Fäusten nicht den Hauch einer Chance gehabt hätte.

Ehe Mehmed und ich irgendeine Art der Strategie aushecken konnten, setzte das Martinshorn der Polizei in der Entfernung ein. Es schien den Adrenalin-Übertankten die letzte Runde und die Aufforderung zum Final Countdown des Nachmittags zu senden. Artur schickte eine lange Rechte in die Luft. Ali schwang sein Messer von doppelter Schälmesserlänge gleichfalls ins Nichts, als Mehmed dazu sprang.

„Hört auf. Das ist dumm."

„Schnauze, du Verräter. Du bist Türke!"

„Verräter", wird das Wort eines Orientschlägers gewesen sein, das ihm türkisch eben nicht zur Hand war.

Ali ließ es nicht bei Worten. Ehe Mehmed wirklich denken durfte, er hätte die Sache entscheidend gebremst und beruhigt, landete Alis Messer an Mehmeds Hals. Mehmed drehte sich, wollte etwas sagen, fasste sich an den Hals und sackte zusammen. Sein Blut floss. Zwei von Arturs Leuten sprangen auf Alis Leute praktisch mit gestrecktem Bein zu. Fünf, sechs Leute stürzten. Es knallten Köpfe auf Stein. Schreien und Stöhnen füllten die nächsten Sekunden, bis sich zum Martinshorn das Blaulicht addierte und zwei Polizeiwagen mit Karacho auf uns zukamen. In alle Richtungen verschwanden die Schläger. Nur die Regungslosen und allzu Benommenen blieben zurück.

Ich drückte Mehmed mein rasch ausgezogenes T-Shirt an seinen Hals. Er sagte keinen Ton. Öffnete seine Augen mit einer Mischung aus Angst und Dankbarkeit. Schloss die Augen wieder.

Die Polizisten kamen von der Seite auf mich zu.

„Der sagt nichts mehr", war das Einzige, was ein Anfangzwanziger zu sagen wusste.

„Der braucht einen Notarzt", sagte ich, so ruhig ich konnte.

Der Kollege lief gemäßigten Schrittes zu seinem Wagen zurück.

Die Besatzung des anderen Streifenwagens sammelte zwei Liegengebliebene ein.

Doch das war nur Seitengeschehen.

Wie war das noch? Ansprechen. Er muss wach bleiben. Mehmed muss wach bleiben. Er darf nicht wegdämmern.

„Mehmed. Du musst wach bleiben. Die Leute sind weg. Alles ist in Ordnung."

„Wer bist du? Hat der dich angegriffen? Bist du auch Türke?"

Hätte ich mehr Energie gehabt und nicht dieses entsetzliche Gefühl, Mehmed hängt jetzt an mir, dann hätte ich dem Typ in Grün am liebsten auf sein Hemd gekotzt. Ich nahm meinen Rest Selbstbeherrschung zusammen.

„Der blutet wie ein Schwein. Der ist dazwischen gegangen. Mann, der blutet."

Ich brauchte mein T-Shirt mittlerweile gar nicht mehr von Mehmeds Hals abzurücken. Es war auch so schon blutdurchtränkt. Ich musste es im Gegenteil noch weiter zur roten Quelle hindrücken, damit das ganze Hemd seine Saug- und Aufnahmekraft unter Beweis stellen konnte.

„Helfen Sie doch! Das ist mein Freund."

Mehmed schlug seine Augen wieder auf.

„Mein Freund" brachte er halbwegs verständlich heraus, und doch waren diese zwei Wörter wie gute Musik in meinen Ohren.

„Mehmed, die kennen dich noch nicht. Aber ich kenne dich. Im Perplex war ich richtig stolz, dass wir beide in eine Klasse gehen. Und schon ein Referat zusammen gemacht haben. Ich glaube, jetzt sind wir richtige Freunde."

„Sind wir. Blutsbrüder. Wie bei Schuh des Manitou."

Den Spruch mit den Blutsbrüdern fand ich in diesem Moment überhaupt nicht entspannend. Aber ich wusste, Mehmed meinte es gut.

„Wann haben wir eigentlich Zwischenprüfung, Mehmed? Hast du schon für Konstruktion und Materialkunde gelernt?"

„Jens. Kann gerade nicht lernen. Aber geht schon klar."

„Wann ist die denn nun?"

„Weißt du doch", dabei wurde seine Stimme immer langsamer und leiser.

„In der Woche nach der Treppe mit den Helden."

„Wenn unser Ali gewinnt", schob ich nach.

„Wenn unser Ali gewinnt", wiederholte Mehmed.

Der eine Polizist legte Mehmed eine Wärmedecke über den Körper.

„Der Notarzt kommt gleich", meldete er uns ganz freundlich.

„Ich komme dann mit, Mehmed", versicherte ich ihm und sprach eher mir selbst Mut zu, um wenigstens mir selbst vorspielen zu können, ich wüsste, was nun wohl kommen würde. Dabei wusste ich gar nichts. Bin ich hier in einem schlechten und tragischen Film, und Mehmed stirbt hier in meinen Armen? Hätte ich was anderes tun müssen als mein Hemd an seinen Hals zu pressen?

„Wieder Kasachstan gegen Kurdistan", hörte ich einen Polizisten des zweiten Wagens schimpfen.

„Guck dir den Perso von dem einen an und diesen Ersatz-Wisch hier aus dem Libanon. Russe in Kasachstan geboren und der andere ein Kurde, zuletzt im Libanon geführt. Fast wie letzte Woche. Wodkasäufer gegen Schaffresser. Und wir müssen den Dreck wegmachen."

Mehmed muss die Kommentare gehört haben. Seine Augen wurden größer. Er wirkte zornig. Ich hatte das Gefühl, meine rechte Hand wurde noch wärmer von Mehmeds frischem Blut. Notarzt, wann kommst du?

Gott sei Dank. Weiß mit roten Leuchtstreifen. Rettungssanitäter. Ärztin mit kleinem Köfferchen gleich dabei.

„Das ist mein Freund Mehmed. Der ging bei einem Streit dazwischen. Der Angreifer hat ihn mit einem Messer am Hals getroffen. Seit dem knie ich hier."

„Das hast du gut gemacht", war der erste Satz des jungen Sanitäters.

Der ältere nahm mir den Lappen ab, der mal mein T-Shirt war. Die Notärztin ging sofort an Mehmeds Puls mit ihren zarten, aber überhaupt nicht zögerlichen Fingerspitzen.

Als ich mich von einem grünen Jungen begleitet auf die Hinterbank der ersten Streife setzte, mit den Füßen zum Straßenpflaster gedreht, merkte ich erst meine Anspannung und dieses mulmige Gefühl, das vom Kopf durch Brust und Bauch bis in die Füße herunterjagte. Der Polizist gab mir zu trinken.

„Wer hat denn nun angefangen? Wer war der Messerstecher? Jetzt würde uns eine Aussage helfen. Erst recht, wenn dein Freund..."

Ich blickte den Uniformierten wohl so vorwurfsvoll an, dass er seinen Satz lieber nicht vollendete.

„Ich meine, wir müssen wissen, wer das war."

Ich schaute zu Mehmed, der schon auf die Bahre gepackt und gerade auf die Schiene des Rettungswagens geschoben wurde. Die Sanitäter und die Notärztin legten wohl eine Infusion an.

„Der Stecher war nicht allein. Ich weiß nicht, wie es angefangen hat. Das war eine Massenschlägerei von bestimmt vierzig Leuten, fast fünfzig. Mehmed – der im Wagen – kam dazu, als ein Russe und Ali sich gegenüberstanden. Ali mit Messer. Der hat Mehmed getroffen."

„Gut", hakte der Polizist nach. „Ali. Wie heißt der Ali weiter. Du kennst den?"

Nun gab es kein Halten mehr. Kein Zögern. Kein Decken. Kein Abwarten. Kein Nachdenken über einen orientalischen Rachetrupp. „Ali Salibi. Ja, Salibi. Der geht auf meine Schule. Berufsschule. Der ist sogar in meiner Klasse. Wie Mehmed."

Der Rettungswagen brauste Richtung Franziskus-Hospital, nahm ich an.

„Ich wollte doch mit", sagte ich, sprach ins Leere und merkte dann erst, dass es für diese Bemerkung schon ein wenig zu spät war.

„Zuerst nehmen wir noch alle Personalien auf. Dann bringen wir dich hin. Wenn du willst. Oder willst du seine Familie informieren?"

„Die kenne ich gar nicht. Ich wollte heute das erste Mal zu ihm nach Hause. Aber mitnehmen wäre gut. Obwohl hier, ja, es ist noch hier, mein Fahrrad steht. Die paar Kilometer schaffe ich auch mit Rad."

Zur Familie fahren. Nein, das wäre eine Nummer zu groß für mich gewesen. Wenn Mehmed jetzt wirklich – nein, daran will ich nicht einmal denken! Wie lange hat das noch gedauert, mit den Personalien! Es kam mir endlos vor, und ich hatte gar keinen Kopf dafür. Ob da Freunde von mir dabei gewesen wären? Ob der Schlagstock meiner gewesen wäre? Ein Zahlenschloss mit Blut dran steckten die Polizisten in die Tüte. Räumten die Straße ein bisschen auf. Sprachen mit dem Ladenbesitzer, der seine Salate, Apfelsinen und Kohlköpfe wieder auf seinem Regal postierte und meinem Eindruck nach über die Russen ablästerte. Die grünen Jungs, die ich eigentlich nicht mehr Bullen nennen mag, seit ein Handballkumpel dort mit der Ausbildung angefangen hat. Die grünen Jungs schienen fast fertig zu sein, hatten Fotos sogar von Mehmeds Liegepunkt gemacht, da nahm mir einer die Wasserpulle aus der Hand. Erst da wurde mir klar, dass die mir zu trinken gegeben hatten und die Flasche gar nicht meine war. Und das Leih-Hemd oder besser: das alte T-Shirt an mir kam auch von ihnen.

Was ist hier gerade passiert? Straßenschlacht an einem sonnigen Nachmittag in Darten. Wo sich Wodkafahne und Dönerdünste begegnen. Ist das normal?

Habe ich hier einen Freund gewonnen, einen Freund für ein paar Minuten, der gerade im Franziskus verreckt? Hockt Ali da jetzt hinter der nächsten Straßenecke? Gehen die gleich auf die Suche oder versickert das auf einem Revier bis nächste Woche oder für immer?

Ich muss zum Krankenhaus. Ich muss zu Mehmed. Alles andere ist jetzt egal und kommt dann erst.

Das muss ich schaffen. Mist, die Kette muss ich spannen. Fast abgesprungen. Kaum beruhigt und schon wieder in Schweiß. Doch ´ne Ecke bis zum Krankenhaus.

Da lauern sie. Artur und Co. Neben dem Fahrradständer.

„He, sag mal. Was ist mit Mehmed? Ist der...?"

„Ich gehe jetzt rein. Der hat schlimm geblutet."

„Nicht tot?"

„Der Notarzt hat ihn mitgenommen im Krankenwagen. Ich gucke."

„Ist guter Mann. Ist guter Boxer."

„Die haben noch zwei mitgenommen. Einen von euch und einen von den anderen. Weiß nicht wer."

„Evgenij. Hatte zu viel getrunken. War zu langsam."

„Aber sie haben Ali nicht."

„Ali?"

„Der mit dem Messer", wurde mir gerade klar, dass schließlich nicht jeder mit ihm in eine Klasse geht und sich wie ich wundert, dass der bei seinen Fehlzeiten noch dabei ist.

„Sollen die sich abstechen, die Pisser."

„Halt lieber das Maul", wunderte ich mich über meinen Ton. Immerhin sprang mir keiner von ihnen an den Hals. „Mehmed hat das für alle gemacht. Damit keinem was passiert. Das hat der auch für euch gemacht."

„Sind schon groß. Brauchen keinen Mehmed."

„Du hast nichts verstanden. Der ist stark. Der will nur nicht das, was jetzt passiert ist."

Wahrscheinlich machen sie sich jetzt noch über Evgenij lustig. Dass er etwas zu viel hatte und nicht gut genug auf den Beinen war. Außer Artur hat da keiner was gerafft. Was da überhaupt gelaufen ist. Dass das keinen Sinn macht. `Sollen sie sich abstechen, die Pisser´. Mehmed ist kein Pisser. Nichts verstanden, die Jungs.

Wer das so Tag für Tag machen muss hier im Krankenhaus, in der Notaufnahme, auf der Intensivstation. Ja, das sind Alltagshelden. Für Mehmed. War der nicht auch ein Held? Ein Held, der bluten musste für seinen Mut?

Wo ist die Intensiv? Oh, chirurgische oder medizinische Intensiv? Muss ich fragen. An der Pforte haben die ihn noch nicht. Geh ich zur chirurgischen Intensiv. Widerlich dieser Geruch der Sterilisationsflüssigkeit. Riecht so sauber und doch so dreckig tödlich hier. Sitzecke. Warte, da ist die Sprechanlage. Mensch, da starrt eine alte Dame vor sich hin. Da ist bestimmt ihr alter Herr auf der Kippe. Ich versuche es einfach. Geduld, Jens. Nur Geduld. Noch mal drücken.

„Guten Tag. Ich möchte zu Mehmed Aydogan."

„Wer sind Sie denn?", fragte mich eine mittelalterliche Damenstimme durch die Anlage.

„Ich bin – ein Bruder", reimte ich mir und ihr auf die Schnelle zusammen, weil ich irgendwie ziemlich sicher war, dass die

Erklärung als Klassenkollege nicht ausreichen würde, um die Intensiv-Cerbera zu passieren.

„Hier ist ein Türke gekommen. Der ist noch nicht fertig. Der kommt gerade erst aus der Op. Müssen Sie warten. Kann dauern."

Wenigstens. Er lebt. Sonst wäre er gar nicht hier. Mehmed, du hast eine Chance. Und das gerade klang nicht nach `wir wissen noch nicht´. Gott, das hat er doch gut gemeint. Den kannst du doch nicht verrecken lassen. Gott, du musst Mehmed helfen. Dass alles gut geht. Bitte! Musst du! Bitte.

Warten. Warten. Wie kurz eine Stunde und wie lang zehn, fünfzehn Minuten sein können. Meine Hände. Die hatte ich nach der Straßenschlacht und meiner Hocke an Mehmeds Seite nur abgewischt. Das Blut klebte mir noch an den Händen. Ich ging zur Toilette. Richtig trocken war die rote Suppe. Wie hatte ich das nur vergessen können. Rote Suppe. Blutige Kruste. Wie jemand nur auf die Idee kommt, Menschen nach reinem und nicht reinem Blut zu trennen? Dreckiges Blut ist für mich jedenfalls so ein Blut. Da hauen Leute aufeinander ein, als wenn es eine Kleinigkeit wäre. Bis ein Idiot das Messer nimmt. Das hier ist dreckiges Blut. Für nichts und wieder nichts vergossen. Und Gewalt ist eine Krankheit. Ja, dreckiges Blut kommt von dieser Krankheit. Gewalt ist eine Seuche. Inkubationszeit zwanzig Sekunden. Bei manchen Leuten nur zehn Sekunden. Wenn Mehmed an so einer Scheiß-Krankheit stirbt... Und es war gar nicht seine Krankheit. So, jetzt sind sie sauber. Und pinkeln könnte ich auch gleich. Schon besser. Hauptsache, ich habe jetzt nicht die Schwester an der geöffneten Schleuse verpasst. Mach hinne, Jens.

Eine Frau mit Kopftuch, vielleicht so alt wie meine Ma, eilte auf den Drücker zu. Schreiend, jammernd, wild gestikulierend. Gefolgt von einer Frau derselben Generation, kaum ruhiger wirkend. Ein Jugendlicher oder junger Erwachsener mit gegeltem, dunklem Haar schloss sich Kaugummi kauend an.

Klar, das musste Mehmeds Mama sein.

„Frau Aydogan?"

Sie stoppte abrupt und überrascht. Ahnte gewiss sofort, dass ich kein Halbgott in Weiß war.

„Ja?"

„Ich bin Jens."

„Jens? Metallmann wie Mehmed. Mit Geschichte von Ali."

„Genau. Der bin ich. Mehmed ist hier. Der ist operiert worden. Wir müssen warten."

„Mein Junge. Warum? Polize? Operazie? Warum?"

„Mehmed wollte helfen. Da war ein Kampf. Kam ein Messer zu Mehmed."

Ihre Augen weiteten sich. Sie verstummte. Die andere Frau geleitete Mehmeds Mama gerade noch zur Sesselreihe in die Sitzecke, wo sie sich einfach sacken und fallen ließ.

Ich drehte mich ihr gerade zu, da surrte die Tür der chirurgischen Intensivstation.

Eine Krankenschwester trat heraus. Sichtete die Landschaft vor ihrer Schleusentür, sah Mama Aydogan und ging auf sie zu.

„Guten Tag. Ich bin Schwester Elke. Bleiben Sie sitzen."

„Guten Tag."

Mehmeds Mutter hatte sich offensichtlich bereits überwinden müssen, um diesen Antwortgruß geordnet herauszubringen.

„Ihr Sohn ist schwer verletzt. Er hat vielleicht mehr als einen Liter Blut verloren. Er ist operiert worden. Also einmal ordentlich genäht. Jetzt geht es ihm gut. Er braucht jetzt Ruhe."

„Mehmed leben?"

„Ja. Es war gefährlich, aber eine kleine Verletzung. Er ist ein kräftiger Junge. Er wird bald wieder gesund sein."

Ein entspanntes, aber noch immer auch gequältes Lächeln machte sich in ihrem Gesicht breit.

Schwester Elke drehte sich zu mir.

„Und Sie sind?"

„Der Bruder", antwortete ich, weil ich nicht sagen konnte, ob sie es war, die mit mir vor einer halben oder dreiviertel Stunde mittels Sprechanlage die kargen Worte gewechselt hatte. Schwester Elke schaute zu Mama Aydogans Kopftuch, blickte zu mir zurück und lächelte.

„Klar, ein Bruder. Habe ich gleich gedacht. Die Sanitäter und die Leute von der Notaufnahme erzählten so was von einem, der die Blutung gebremst hat. Der kein Türke war."

„Das war ich wohl. Ich wusste nicht, wie ich..."

„Der operierende Arzt sagte: So war es nur ein Kratzer. Zwar schlimm genug. Aber hätte der Freund sich nur etwas zu viel bewegt, es wäre mehr daraus geworden. Er wäre an einem richtigen Schlagaderriss gestorben. Da muss ein guter Samariter gewesen sein. Meinte Dr. Altmann. Muss ein guter Bruder gewesen sein. Glückwunsch! Macht nicht jeder. Wir sagen Bescheid, wenn Mehmed aufwacht. Es dürfen aber nur zwei Personen gleichzeitig herein. Vielleicht die Mama und ein Bruder?"

Schwester Elke nickte zu Mama Aydogan und dem Rest der Familie hinüber und verschwand. Ich setzte mich zu Mehmeds Mama, Tante und Cousin. Wir unterhielten uns, so gut es ging, über Mehmed, die Schule und was da an diesem Spätnachmittag wohl abgelaufen war.

Schließlich durften wir hinein. Hände waschen. Desinfizieren. Kittel überziehen. Schwester Elke führte uns zu seinem Platz. Er war wach. Er lächelte.

Mama Aydogan küsste ihren Mehmed. Schien ihn nicht mehr loslassen zu wollen. Schwester Elke war kurz davor, ihren mütterlichen Elan zu bremsen. Da machte Mama Aydogan Platz für mich.

„Bruder“, war sein einziges Wort.

„Selber Bruder“, gab ich ihm zurück.

Wir stießen unsere Fäuste auf einander zu. Unser, vor allem sein Gruß im Zeitlupentempo war mir genug. Und dieses Wort.

„Ich freue mich, dass du okay bist. Werde Montag Lessing und den anderen Bescheid sagen. Ich komme morgen wieder. Erhol dich, Bruder!“

„Selbst Bruder.“

Was ein Nachmittag.

## Kapitel 9 Die Scholl ist nicht von gestern

Es war das erste Mal, dass mich die Polizei zu einer Aussage einbestellte. Ziemlich schnell schon nach alledem. Selbst wenn es der Anrufbeantworter war, den Mama für die mehr als reichlichen Zwecke ihrer Abwesenheit besprochen hat, und der mich nun dringend bat, die Polizeidienststelle Mitte so schnell wie möglich aufzusuchen. Ich musste wohl gehen. Okay, bei der Sache mit dem Jungen in meinem Alter, mit Dennis, den Ali – bestimmt Ali – und seine Leute überfallen hatten, war ich mit ihm auf die Wache gegangen. Und nun sollte es erneut um Ali gehen. Wieder sollte ich sagen, was ich wusste. Aber dieses Mal war die miterlebte Sache für mich erheblich klarer. Das Schlimme: Ich musste ins Büro eines Kommissars. Hatte draußen auf seinem Schild etwa das schreckliche Wort namens Mord geprangt? Nein, dachte ich kurz, in welchen Film, Jens, bist du nun geraten? Aber sehr viel Zeit zum Zweifeln oder trüben Sinnieren gab mir der Kommissar von vielleicht Ende vierzig und einem buschigen Schnäuzer über nikotingefärbten Zähnen auch nicht.

„Sie waren dabei, als Herr Mehmed Aydogan angegriffen wurde. Wie kam das? Was haben Sie gesehen?"

„Mehmed ist an der Berufsschule mit mir in einer Metaller-Klasse. Wir haben neulich zusammen ein Referat gemacht. Ich habe ihn auch schon im Boxstall beim Training besucht. Weil er ein guter Boxer ist und ich mich für Sport aller Art interessiere. Heute wollte ich das erste Mal zu ihm nach Hause."

„Sie waren also noch nicht bei ihm zu Hause?"

„Nein, auf dem Weg. Aber fast schon in seiner Straße. Erst hörte ich auf dem letzten Stück zu Mehmed schon Polizei hinter mir. Die hielt wohl erst dort, wo es kurz vorher schon Ärger gegeben hatte. Ich fuhr weiter mit meinem Rad und bog um die Ecke und wurde praktisch Zeuge einer Massenschlägerei. Die lief wohl schon. Alles konnte ich natürlich nicht überblicken. Das Ganze dauerte nicht lange. Aber da standen sich wohl Russen oder Russlanddeutsche und Türken, Araber, Kurden, denke ich, gegenüber. Einige lagen auf dem Boden. Blut war schon geflossen. Dann kam Mehmed mit einem anderen dazu. Mehmed war nicht in der Schlägerei mit drin gewesen. Er kam von der Seite und wollte, als ein Russe und Ali mit einem Messer in der Hand sich zum Kampf aufstellten, die Sache beruhigen oder beenden. Das, das waren alles nur Sekunden. Mehmed wollte…"

„Ohne Messer?"

„Ja. Klar. Der ist ein Boxer. Ein richtig guter sogar. Der weiß, was er tut. Der zieht kein Messer für irgendetwas."

„Sie kennen auch den Mann mit dem Messer?"

„Der ist auch in meiner Klasse. Auch wenn sein Deutsch noch mager ist, er versucht es bei uns. Er heißt Ali Salibi. Als Mehmed einschreiten wollte, zögerte der nicht, schrie was von Verräter, oder es war ein anderer aus seiner Truppe und schwang sein Messer. Ich dachte, jetzt sticht er Mehmed ab. Er traf Mehmed am Hals. Der sackte zusammen, und ich musste ihm den Hals halten, bis der Notarztwagen nach den Polizisten noch kam."

„Sie sind sicher, wer der Täter also war?"

„Ich bin es."

„Sie würden das auch vor Gericht bestätigen?"

„Das würde ich. Mehmed ist mein Klassenkamerad, jetzt eigentlich ein bisschen ein Freund."

„Aber Ali ist auch ein Klassenkamerad. Und da könnte..."

„Ich weiß, was Sie sagen wollen. Da könnte Ärger von libanesischer Seite kommen."

„Libanesischer Seite?"

„Ja, ich denke, von dort kommt er. Hat hier noch keinen Pass oder alle Papiere und weiß noch nicht, ob er bleiben kann."

„Das wird man dann sehen. Wenn das stimmt. Dann muss er eben die Konsequenzen tragen. Und nicht zu knapp. Wie komme ich an seine Adresse, wenn er noch nicht gemeldet ist?"

„Der wird gemeldet sein. Wer eine Lehre macht und zur Berufsschule geht. Unsere Schule hat bestimmt eine Adresse. Unser Schulleiter heißt Petersmann. Das kriegen Sie bestimmt über den raus."

„Das werden wir schon lösen. Diese Aussage bedeutet: Wir werden jetzt versuchen, Ali wegen versuchter Tötung festzunehmen. Wir hoffen, dass es nicht nötig sein wird, dass Sie in den nächsten Tagen... Nein, wir werden das sicher schaffen. Dann brauchen Sie sich keine Sorgen um Ihre Sicherheit zu machen. Warum auch."

Der Kommissar bedankte sich. Gab mir einen Termin für ein offizielles Protokoll und meine dazugehörige Unterschrift.

Super, dachte ich. Super Beruhigung. Jetzt hat er dir so richtig Mut gemacht. Nach dem Motto. Eigentlich könntest du jetzt Polizeischutz brauchen. Wahnsinnspsychologe. Erinnert mich an den Chirurg, der zu seinem Patienten vor der Op. sagt: `Wie, Sie machen sich Gedanken, weil das Ihre erste Operation ist? Kein Problem, ist auch meine erste.´ Das macht Mut.

Irgendeinem müsste ich das jetzt schon erzählen. Mama kommt mal wieder erst spät. Opa ist bestimmt noch nicht von seinem Vereinsheim zurück. Na, erst einmal nach Hause fahren. Muss ich mich jetzt fürchten, allein in der Wohnung zu sein? Läuft der Ali mir etwa in der Schule wieder über den Weg, weil die Polizei sich nicht sicher ist? Gibt es da jetzt irgendwelche mildernden Umstände für Ali? Und es passiert gar nichts? Aber so wirkte der Kommissar nicht, der immerhin gleich nach der Tat reagiert und mich einbestellt hat.

Jens, hätteste deine Klappe gehalten. Aber das geht nicht. Schon für Mehmed nicht. Für niemanden geht das. Das geht gar nicht. Selbst wenn Mehmed das jetzt ohne bleibende Schäden übersteht. Das geht gar nicht. Never ever!

Die beiden an einem Tisch. Wusste gar nicht, dass sie hier in der Gegend auch manchmal ist, wäre ja gar nicht so weit zu mir. Bei einem Eis oder Früchtebecher. Das gibt's ja gar nicht. Fatimah und Olga. Selbst wenn du es bist, mein Honigmädchen. Ob ich dafür jetzt Kopf und Herz habe? Die sehen mich bestimmt nicht. Einfach vorbeifahren. Passt jetzt nicht wirklich.

„Hallo Jens!"

Ihre Stimme. Unverkennbar. Mit der Lieblichkeit einer Soft-Pop-Stimme. Mit der Bestimmtheit von Pink. Wie könnte ich da vorbeifahren. Wenn ich mehr als nur der Metallmann bin.

Die Bremse schnarrt ganz schön. Aber bald gucken Opa und ich ja nach dem gebrauchtesten aller Dartener Automobile. Dann haben diese Zweiradbremsauftritte ein Ende. Aber was kann heute schon noch peinlich sein.

„Hallo Fatimah! Hallo Olga! Euch geht es gut?"

„Hallo Jens", schloss sich nun auch Olga an.

„Das siehst du doch, Metallmann. Uns geht es sehr gut. Wir sitzen hier. Zwei Stunden, den ganzen Nachmittag bis jetzt. Und bald ist der Mond da. Sehr gut. Setz dich. Wenn du mutig bist."

„Mutig? Seid ihr Löwen oder Tiger, oder warum muss ich mutig sein, wenn ich mich setze?"

„Nun, ein Mann schafft nicht zwei Ladies."

Olga schaute bewundernd zu Fatimah und ihrer kessen Zunge herüber.

Ich zog mir einen freien Stuhl vom Nachbartisch an den kleinen Straßentisch herüber. Ein Spaghetti-Eis war praktisch mit dem Hinsetzen bei der flinken Bedienung bestellt.

„Ihr genießt die Sonne also schon den ganzen Nachmittag."

„Nur ein paar Polizeiautos fuhren hier lang, so vor zwei oder drei Stunden. Und ein Krankenwagen mit groß Tatütata."

„Ja, ich weiß, wo die heute schon gebraucht wurden."

„Erzähl. Mach nicht so viel mit attention", sprach Fati das letzte Wort ziemlich französisch aus.

„Ich wollte zu Mehmed. Ihr kennt den."

„Klar, den Boxer. Dein Kollege für Muhammad Ali."

„Der kam zu einem Kampf. Hat sehr geblutet. Der andere Typ hat ein Messer genommen."

„Nein! Wieder so eine Dummheit. Wie letzte Woche bei der Feier."

„Wer war das?"

„Da waren viele Leute, die sich geschlagen haben."

Olga war kein Mädchen für Drum-herum-Reden: „Sag schon. Russen gegen Türken. Stimmt´s? Wieder!"

„Ja. Dreißig, vierzig Leute bestimmt. In der Nähe von Mehmeds Straße. Der ging dazwischen."

„Mehmed ohne Messer?", fragte Fatimah nach.

„Mehmed ohne Messer. Aber Ali hatte das Messer. Und Mehmed hat sehr geblutet."

„Jens, du warst dabei? Jetzt sehe ich. Die Hose. Ist das..."

„Ja, ich war auf dem Weg zu Mehmed. Musste dann mein T-Shirt an seinen Hals drücken. Die Polizisten kamen. Ich musste weitermachen. Der Notarzt kam. Dann konnte ich erst loslassen. Habe mit ihm gesprochen. Damit er nicht bewusstlos wird."

„Und? Mehmed lebt?"

„Ja, sie haben die Stelle im Krankenhaus schnell, wenn ich das richtig verstanden habe, geklammert und genäht. Ich habe ihn schon kurz gesprochen. Seine Mutter gesehen." Das Wort `geklammert´ versuchte ich dabei lieber noch mit zwei Fingern zu erklären.

„Dann hast du ihm ja geholfen! Und wo sind die anderen? Wo ist Ali? Wen haben sie mitgenommen?"

„Einen von..."

Hier stockte mein Satz. Einen von euch und einen von euch. Wollte ich sagen. Und merkte, wie unpassend, ja falsch das war. Ihr da und wir hier. Demarkationslinien heißt das wohl im Krieg. Grenzen. Schubladen. Das war doch das, was Mehmed in der Situation nicht wollte.

„Einen von uns", ergänzte die kluge Olga.

„Und einen von uns", ergänzte die mindestens so schlaue Fatimah.

„Also haben sie das Spiel der Spiele gespielt. Haust du mir einen. Haue ich dir einen mehr. Schlägst du, schlage ich stärker."

„Dieses Spiel spielen unsere großen Jungs", resümierte Fatimah.

„...und unsere großen Jungs", bestätigte Olga.

„Am liebsten gegeneinander." So schüttelten Fatimah und Olga ihre Köpfe im Takt.

„Kennst du dummen Araber?", fragte Fatimah mich nach einer gewissen Zeit des nachdenklichen Schweigens.

„Nein. Erzähl."

„Sagt ein Araber zu einem Russen: `Was guckst du meine Schwester an?´ Sagt der Russe: `Ich gucke deine Schwester nicht an.´ Sagt der Araber: `Du guckst meine Schwester nicht an? Ist sie nicht hübsch? Was beleidigst du meine Schwester!´"

Olga und ich durften herzlich lachen. Fatimah freute sich an ihrer Witzgeschichte.

„Und wenn der Araber ganz dumm ist, haut er dann zu. Weil Olgas Bruder seine Schwester nicht anguckt. Männer können dumm sein. Sehr dumm. Ich will keinen dummen Mann. Mit Messer in der Hand und schlechten Worten im Mund und im Herz."

Fatimah. Wenn jetzt eine bessere Zeit wäre, ich ein bisschen mehr Ruhe hätte und Olga sich schon verdünnisiert hätte, dann würde ich dich jetzt ins Kino einladen, mindestens. Ich würde mit dir in den botanischen Garten gehen. Ich würde mit dir... Du bist phantastisch. Ich will hier eigentlich nur vorbeifahren. Möchte am liebsten ab zur Dusche, und deine Stimme macht alles anders. Aber hoffentlich musst du dich dann nicht so einer idiotischen Familienräson oder Familienehre fügen. Kommt ja jeden Monat was in den Nachrichten drüber. O Mann, ist das kompliziert. So eine Süße, Tolle. So eine Lady, wie ich noch nie eine Lady kennengelernt habe, und die muss ausgerechnet aus Nordafrika kommen und Fatimah heißen.

„Jens, ich glaube, du bist ein Samariter", beendete Olga eine kleine Gesprächspause, bei der uns doch wieder der blutende Mehmed vor Augen stand.

„Wer ist noch einmal dieser Samariter. Ich kenne nur guten Mann aus Schamaria", wollte Fatimah sich vergewissern.

„Das ist eine Geschichte aus der Bibel. Die erzählt Jesus. Da liegt ein Mensch am Boden. Der ist überfallen worden. Da ist eine einsame Straße. Der Mann ist schwer verletzt. Die Sonne scheint. Zwischen Jerusalem und Jericho. Da kommt ein Mann, ein Priester..."

„und hilft", wollte Fatimah die Geschichte vom Helfen schnell zu Ende bringen.

„Nein, der erste Mann geht vorbei. Der zweite Mann war auch einer von der Religion. Der geht auch vorbei. Aber der dritte Mann sieht den Verletzten liegen, hat Mitleid und hilft ihm."

„Der gute Mann aus Schamaria", assistierte Fatimah.

„Genau. Und so einer ist Jens. In der Geschichte behandelt der Samariter den Verletzten, benutzt auch Öl und Wein dabei und bringt ihn dann in eine Herberge, damit der Wirt ihn weiter pflegt."

„Du kennst deine Bibel, Olga“, wollte ich ihr ein Kompliment machen.

„Ich sage das. Weil du jetzt vielleicht unser Held wirst. Du musst auf die Treppe. Du hast geholfen. Vielleicht wäre Mehmed ohne dich gestorben!“

„Blödsinn! Mehmed war der Held! Er wollte, dass keiner stirbt. Und ging selbst dazwischen. Mehmed war der Held. Er ist dazwischen gegangen. Helden gehen dazwischen.“

„Das will Mehmed bestimmt nicht. Aber wir können für seine Idee kämpfen. Ali soll gewinnen. Sein Mann. Sein Held. Ali ist dazwischen gegangen, als Bin Laden und Bush den großen Kampf wollten.“

„Fatimah. Du bist ein Genie. Du bist das tollste Mädchen, das ich je kennen gelernt habe. Ich finde dich...“

Statt Freude zog nun in Sekundenbruchteilen ein ungewohnter Ernst in ihr schönes Gesicht. Jens, du hast dich nicht angeschlichen. Du bist nicht vorsichtig gewesen. Du bist mit deinem Herz nach vorne geprescht. Du hast keine Mördergrube aus deinem Herzen gemacht. Ist ja auch keine Mördergrube. Ist eine Liebesgrube. Quatsch. Beherrsch dich, Jens. Das war zu viel für sie. Und für mich. Und für Olga bestimmt auch. Jens, du musst hier die Bremse treten und die Kurve kriegen. Bremse und Kurve gleichzeitig ist schwer. Wie in der Fahrschule.

„Ich finde dich - und Deinen Vorschlag super. Das werden wir versuchen. Ali kommt auf das Treppchen. Mehmed zu Ehren.“

„Und was ist mit Sophie?“

Nun schauten Fatimah und ich Olga ratlos, aber voller Respekt an.

„Du meinst Sophie Scholl? Du hast Recht. Natürlich darf die nicht untergehen. Überleg doch, was da passiert ist. Mehmed war Sophie.“

Jetzt betrachteten die beiden klugen Ladies mich, als wären wir gerade das philosophische Terzett oder irgend so eine sagenhafte Gelehrtenrunde am Eiscafé-Tisch in Augenhöhe mit Einstein, Gandhi und Martin Luther King. Mindestens. Und ich einer von diesen phantastischen Dreien.

„Wenn wir die Straßen den Junkies, den Neonazis und denen überlassen, die sich da gerade für ihren Stadtteil, ihr Land, ihr Volk, ihre Partei, ihren Verein, ihren Spaß oder ihren Gott schlagen wollen, wo kommen wir da hin! Olga hat Recht. Es leben Ali und Sophie! Ali will keinen Kampf zwischen den Religionen. Sophie will Freiheit. Ein freies Land. Nicht Diktatur der Schlägertrupps. Leute, wir sind genial. Wir drei sind ein Team. Nicht die drei Fragezeichen. Die drei Ausrufezeichen!!!"

Ob Fatimah und Olga mit den `Drei Fragezeichen´ nun viel anfangen konnten, ich konnte sie nicht mehr fragen. Sie mussten los. Wie so oft. Wenn es spannend wird. Wenn ich über die Buslinie hinauskommen will. Wenn ich wissen will, wer ihre Tante nun ist. Mit wem sie wohnt? Ob ein Metallmann sie zum Kino einladen dürfte? Oder in den Stadtpark? Ob sie mit mir...? Ob der Typ beim Scholl-Fest, der Abholer draußen der Bruder ihrer Freundin oder auch ihr Versprochener oder sie die Versprochene irgendeines Cousins von drüben, gerade mal über das Mittelmeer rübergespuckt ist, dann, ja dann ist sie mal wieder weg. Dann muss sie weg. Haushalt vielleicht. Auf Geschwister aufpassen. Schrecklich. Immer das gleiche Spiel. Ich weiß noch nicht viel über sie.

„Jens. Aus Schamaria. Meinetwegen Samarien. Olga aus Russland. So ist Leben schön. Schrecklich mit Mehmed. Schrecklich mit dem Messer. Aber das hier war – wunderbar. Danke euch."

Mit diesem Dank gab sie mir einen französischen oder war es ein russischer Begrüßungs- oder Abschiedskuss, jedenfalls auf die Wange, erst links, dann rechts. Durfte sie das? Was hieß das?

„Ich danke auch“, verabschiedete sich Olga.

„Und ich danke, dass ihr mir zugehört habt. Nach allem, was da heute war.“

Jede, jeder zahlte für sich. Schnell verloren wir uns in alle Richtungen. Die beiden zu Fuß, ich trat in die Pedalen.

Blut und Eis. Blutsbruder und Philosophieladies vor dem Eiscafé. Was ein Tag. Jetzt könnte Opa zu Hause sein. Schlafen kann ich sowieso nicht. Und den Lessing anrufen mache ich morgen. Der kann da jetzt sowieso nichts machen.

„Hallo Opa. Doch schon zurück?“

„Hallo Jens. Komm rein. Klar. Beim Vereinshaus ist alles so weit fertig. Und weißt du: Nach dem zweiten Bier sinkt bei mir die Stimmung. Dann entgleisen oder versacken da auch nette Leute.“

„Wie bei unserem Schulfest. Oder besser beim Scholl nebenan. Ab einem bestimmten Quantum und Zeitpunkt ist da nichts mehr toll. Dann geht´s bergab.“

„Genau. Aber eine Schorle trinkst du noch, oder?“

„Gerne, Opa. Hast du schon mal einen Schwerverletzten im Arm gehabt und dachtest, der stirbt jetzt vielleicht vor dir und bei dir?“

„Nicht so richtig. Ich habe mal einen zusammengebrochenen Kollegen bei der Arbeit aus seinem Stapler geholt. Aber der kam dann zu sich und die Betriebskrankenschwester war schnell da. Aber...“

„So richtig lange, und ernst...“

„Ich dachte gerade an deine Oma. Die Krebsflüssigkeit. Sage ich einfach so. Die drückte immer wieder auf ihr Herz und ihre

Lunge. Ich wollte und sollte sie nicht mehr ins Krankenhaus bringen. Sie ist ja dann hier in der Wohnung gestorben."

„Klar weiß ich das noch. Aber ich..."

„Ja, du warst nicht dabei. Ich war ja auch dabei."

Nun wurden seine Augen feucht. Seine Gesichtshaut erblasste und schien die leichte Sommerbräune zu ersticken.

„Der Notarzt hat ihr die Schmerzen gelindert. Sie hat mir noch viel gesagt. Dass sie mich liebhat. Und dass ich bestimmt kochen lerne. Dass es schön war mit uns. Und dann wurde sie immer ruhiger. Ist nur zwei Mal aufgewacht. Das letzte Mal hat sie gelächelt. Die Atmung wurde immer schwächer. Drei, vier Mal habe ich gedacht: Jetzt ist der Atem weg. Und dann kam er wieder. Kurz vor ihrem Tod hat sie letzte große Schnaufer gemacht. Als wenn sie durchatmet. Oder jetzt befreit ist."

„Opa, ich wollte nicht, dass du das alles noch einmal..."

„Nein, das ist ganz in Ordnung. Jetzt kann ich das ja auch erzählen. Aber Jens, ganz sauber bist du auch nicht heute. Und so spät noch mit diesem seltsamen Hemd unterwegs?"

„Ja. Ich meine das mit dem Im-Arm-Halten, weil ich das heute musste."

„Wie, Du? Wo?" Opa merkte erschrocken, wie wenig er gerade von meinem Zustand mitbekommen hatte.

„Ich kam in eine Schlägerei. Da ging Mehmed dazwischen. Du weißt..."

„Der Boxer, der in deine Klasse geht."

„Er wollte schlichten. Aber der mit dem Messer hat ihn gleich am Hals erwischt. Er sackt zusammen, und ich muss ihn halten und weiter halten. Das ganze Blut. Ziehe mein T-Shirt aus. Drücke es drauf. Will es wegnehmen. Aber er blutet immer weiter. Muss das ganze Hemd randrücken, damit das nicht tropft oder fließt. Und das dauert. Als die Polizisten kommen, da decken die ihn nur zu. Lassen mich weiter machen. Und ich erzähle von der

Schule und dem Heldenwettbewerb und der Zwischenprüfung, damit er nicht wegdämmert. Und das dauert. Denke, der verblutet hier jetzt. Ich bin doch kein Arzt."

„Jens, Mensch, das war ja schlimm. Hat er es überlebt?"

„Der Notarzt kam. Eine Frau. Und zwei Männer dabei. Dann noch die Aussagen bei dem Polizisten. Und dieses noch und jenes noch. Die haben aufgeräumt. Und Mehmed war längst weg. Und dann traf ich seine Mutter vor der Intensivstation. Musste warten und mich waschen und warten. Ja, Mehmed lebt. Sportler eben."

„Dann hast du einen richtigen Ersthelfer gemacht."

„Ja, was blieb mir übrig. Die anderen sind doch weggerannt. Alle abgehauen. Vorher ´ne große Klappe gehabt und dann alle weg."

„Komm, Jens, trink ordentlich. Dann hast du einen schweren Tag gehabt. Aber dann kannst du auch stolz sein. Vielleicht..."

„Ja, die Schwester sagte, vielleicht hätte die Ruhe es verhindert, dass aus dem Ritzer am Hals ein richtiger Riss geworden ist."

„Ich bin stolz auf meinen Enkel. Wusste schon immer, dass du ein toller Junge bist."

„Ich erzähle dir das doch nicht, damit du mich jetzt lobst. Ich hätte mir dabei fast in die Hose gemacht. Das war heftig. Ich denke nur immer: `Jens, lass ihn nicht los. Jens, sprich mit ihm´. Die Zeit kam mir unendlich lang vor. Und dieser Druck."

„Aber wenn der Polizist dich hat weitermachen lassen, dann hast du bestimmt alles richtig gemacht, bis der Notarzt oder Rettungssanitäter kam."

„Fatimah und Olga habe ich das auch schon nachher erzählt."

„Weißt du, ich habe gehört, dass das auch ganz wichtig ist. Wenn wir Menschen etwas Schweres, Hartes – wie einen Unfall zum Beispiel erlebt haben, dann sollen wir es erzählen und noch einmal erzählen. Dann gibt es kein Trauma. Keine Beulen an der Seele, oder wie ich das nennen soll."

„Unfall ist gut", blieb ich an Opas Beispiel hängen.

„Es war ja kein Unfall. Wenn Mehmed jetzt gestorben wäre. Für was? Für das Dazwischen-Gehen? Und die haben nicht einmal gemerkt, dass er das gut meinte. Vor dem Krankenhaus treffe ich ein paar von den Russlanddeutschen, die dabei waren. Die haben noch nichts verstanden. `Sollen die sich doch abstechen!´ Als wenn Mehmed einer von denen, den Arabern oder Türken oder denen jedenfalls, den anderen da wäre. Auf den es nicht ankommt. Und vor dem Messerangriff fiel gerade von Ali und seinen Leuten dieses Wort: `Verräter´. Das ist doch verrückt. Der meint es gut. Und wird abgestochen."

„Ist jetzt ein bisschen weit weg. Aber den Mahatma Gandhi in Indien, den haben auch Nationalisten und religiöse Fanatiker getötet. Du weißt, wer Gandhi war?"

„Ja, ich habe den Film mit Ben Kingsley über ihn gesehen. Der ohne Gewalt die Briten in Indien bekämpft hat."

„Genau. Das war ein Kämpfer ohne Gewalt. Und der hat selbst den Hass der Hasser auf sich gezogen. Manchmal lieben Menschen ihren Hass, ihre Vorurteile und ihre Feindschaften so sehr, dass der Frieden stört. Friedensleute leben gefährlich."

„Eigentlich ein Wahnsinn. Einer geht zwischen die Fronten. Will verhindern, dass Blut fließt und sein eigenes fließt. Ist auch ungerecht. Stell dir vor, Mehmed geht es nun doch noch schlechter. Und der stirbt. Wegen der Dummheit von Ali, Artur und Co. Aber zuerst wegen Ali. Dann..."

„Dann?", verlängerte mein kluger Großvater meine Denkpause.

„Dann müssen wir über alles nachdenken. Was auf unseren Straßen so abgeht. Solche Leute wie Ali, die gehören in keine Stadt und in kein Dorf."

„Weißt du, welchen Deutschen die Engländer an ihre große Kirche, an die Westminster Abbey gehängt haben. Ich meine, seitlich ins Portal gemeißelt haben als Helden des 20. Jahrhunderts?"

„Du meinst jetzt nicht Max Schmeling, weil der so ein guter Boxer und netter Mann war?"

„Natürlich nicht. Der war ja auch in den USA bekannter als in Great Britain. Ich sage es dir. Das war Dietrich Bonhoeffer."

„Der mit dem Lied `Von guten Mächten wunderbar geborgen erwarten wir getrost was kommen mag´?"

„Genau. Das Lied, das wir bei der Beerdigung deiner Oma auch gesungen haben. Ich habe sogar die Karte mit dem Spruch hier noch stehen."

Dabei wandte sich Opa zur Seite, knipste die kleine Lampe auf dem Fensterbrett neben Omas Bild an und zeigte dann zur anderen Seite auf die Spruchkarte.

„Hat mir damals, jetzt sage ich schon damals. Ist ja noch gar nicht so lange her. Hat mir beim Tod deiner Oma geholfen. `Von guten Mächten wunderbar geborgen erwarten wir getrost was kommen mag. Gott ist mit uns am Abend und am Morgen und ganz gewiss an jedem neuen Tag´. Solche Sätze hat der Bonhoeffer nämlich formuliert, auch als er schon im Gefängnis saß."

„Weil er gegen die Nazis war?"

„Genau. Der hat schon 1933 gewusst, dass man entweder nur Gott oder diesem Führer, dem kleinen Österreicher mit dem sizilianischen Schnäuzer folgen kann. Einen Satz von Bonhoeffer habe ich gelesen: `Nur wer für die Juden schreit, darf auch gregorianisch singen.´ Sollte sagen: Nur wenn ihr Christen für die Juden eintretet, dürft ihr weiter eure Gottesdienste feiern."

„Also manchmal kommt es auf das Tun an."

„Eben. Das hat er wohl gemeint. Wie gesagt. Ich bin kein Held. Ich habe dir schon einmal gesagt. Auch wenn ich ein paar

Jahre älter gewesen wäre. Ich hätte bestimmt nicht zum Helden getaugt. Aber Bonhoeffer war einer. Der gehörte dann auch zu den Leuten, die von den Plänen wussten, auf Hitler einen Anschlag zu machen. Nach dem 20. Juli 1944 ist er verhaftet worden. Aber erst ein paar Wochen vor Kriegsende hingerichtet. Ziemlich sinnlos könnte man sagen. Keine vier Wochen später war nämlich Hitler tot. Der Krieg vorbei."

„Willst du jetzt Mehmed und Bonhoeffer vergleichen?"

„Irgendwie schon. Überleg mal. Wenn ich weiß, da muss ich dazwischen gehen, dann muss ich das machen. Aber nicht, wenn da keine Aussicht ist. Bonhoeffer hat da ja auch nichts alleine gegen Hitler versucht. Der hatte Kontakte nach England. Zu einem Bischof zum Beispiel. Der Stauffenberg war nicht allein."

„Aber es hatte doch keinen Sinn. Bonhoeffer ist tot. Der Stauffenberg auch."

„Ich würde sagen, Jens. Je mehr Leute und je eher Menschen mutig werden, desto weniger Mutige müssen sterben."

„Du meinst: Wenn die Deutschen schon 1933 auf die Straße gegangen wären, als Hitler so viel verboten hat, die Parteien und freie Zeitungen und so, dann hätte das was genutzt?"

„Kann sein. Guck mal. Wie viele Leute. Du kennst die Bilder. Wie viele Leute sind in Leipzig und anderswo auf die Straße gegangen. 1989. Und dann..."

„Fiel die Mauer. Und es gab kein Gemetzel in Deutschland."

„Eigentlich eine Revolution ohne Blutvergießen. Weil viele Menschen dabei waren. Natürlich auch, weil ein paar kluge Leute wie ein Dirigent oder ein paar wichtige politische Leute das Auffahren und Feuern der Panzer verhindert haben."

„Opa. Du willst jetzt sagen. Je mehr und je früher wir Menschen protestieren, dazwischen gehen, verändern. Desto weniger Tote gibt es und desto mehr kann Gutes erreicht werden."

„So etwa. Komm, jetzt zieh dir erst mal meinen Pullover an. Es wird kälter."

„Das heißt: Wenn die Typen. Aus der Türkei, Libanon oder sonst wo. Aus Kasachstan, Russland und Deutschland oder sonst wo. Wenn die eher gebremst worden wären, dann hätte Mehmed seinen Hals nicht hinhalten müssen?"

„Warum nicht? Wieso soll sich so eine Truppe, warum sollen sich so zwei Truppen erst warm kämpfen? Wenn die sich zehn Minuten wild geschlagen haben, ist das doch nur eine Frage der Zeit, bis etwas Ernstes passiert. Stell dir vor, aus jeder Gruppe wären ein paar Leute auf die Bremse gegangen."

„Bevor die Polizei zu hören war. Das war ja das Verrückte. Ich kam ja kurz vor der Polizei. Ich hatte das Gefühl: Deren Getute läutet jetzt das Finale ein. Leute, lasst uns noch einmal reinhauen, gleich ist sowieso Schluss, wenn die Polente da ist."

„Und in dem Moment versuchte Mehmed gerade, die Fronten zu beruhigen?"

„Genau. Und der Ali hat nicht lange gefackelt. Na ja, und dass der traf, zum Glück nicht tief und voll, das weißt du ja nun."

„Weißt du was, Jens. Du schläfst heute Nacht bei mir. Wann musst du morgen zur Arbeit?"

„Wie immer. Sieben da sein. Viertel nach sechs aufstehen."

„Dann spreche ich das deiner Mama auf den AB."

„Mach das. Ach so. Fatimah und Olga und ich haben dann einen genialen Plan. Ali muss also unser Mann sein für die Treppe. Und Olga hat ihre Sophie Scholl verteidigt. Da haben wir bei allem Blut vor Augen so richtig gelacht. Mehmed war Sophie. Freiheit. Mutig sein. Können ja nicht nur Jungs."

„Gute Idee. Sophie Scholl..."

„Kennst du deren Geschichte etwa auch? Bist du ein wandelndes Geschichtslexikon, Opa?"

„Nein, aber so alte Säcke haben ja einfach ein bisschen mehr Zeit gehabt, was zu lesen und zu lernen als so ein Hüpfer wie du. Glaubst du nicht, dass meine Generation wie deine gefragt hat: Wie konnte so ein Nazi-Müll möglich sein? Was wäre richtig gewesen? Von der Weißen Rose hat später jeder aus meiner Generation wenigstens den Namen kennengelernt und dass da junge Leute Flugblätter für die Freiheit und gegen die Hitlerei verteilt haben."

„Also, die Scholl soll auch auf die Treppe. Könnte möglich sein, dass das klappt. Guck mal. Wir machen den Wettbewerb mit dem Scholl gemeinsam. Wenn wir den Ali durchsetzen, dürfen unsere tollen Kollegen vom Gymnasium wenigstens denken, das wäre ja ihre Dame für das Treppchen. Weil es schließlich ihre Heldin ist. Auch wenn Olga ihr den Weg zum Thron geebnet hat. Müssen die ja nicht merken."

Opa lachte. Und mir ging es auch schon besser. Wir lachten noch einmal, als ich meinem werten Großvater seinen eigentlich ausrangierten Dritt- oder Viertschlafanzug vorführte und der bei Lagerfeld bestimmt durchgefallen wäre, aber uns an meinen Armen und Hinterbacken doch sehr erfreuen konnte. Mitternacht. Endgültig Zeit, schlafen zu gehen. Freiheit für Deutschlands Straßen und Schulfeste. Freiheit, ein Deutscher zu sein. Der nicht am Bahnhof überfallen wird, weil er ein Scheiß-Deutscher ist. Freiheit, in Deutschland ein Kurde zu sein. Ein Türke zu sein. Ein Libanese zu sein. Ein Russlanddeutscher zu sein. Eine Russin zu sein. Keine Freiheit, ein wilder Schläger und Messerstecher zu sein. Keine Freiheit der Gewalt. Alle Freiheit der Freiheit. Keine Macht dem Blut auf der Straße. Alle Macht dem Mut. Ich glaube, ich fasele mich heute in den Schlaf. Ach ja. Danke, dass Mehmed lebt. Blut, aber besser Frieden auf Dartens Straßen und überhaupt. Und ganz gewiss an jedem neuen Tag.

## Kapitel 10 Und wem der Heldenanzug passt

Mehmed ging es bei meinem nächsten Besuch noch ein Stück besser. Ich wusste inzwischen um die beweglichen Besuchszeiten auf der Intensivstation und staunte nicht schlecht, dass er schon vor der Verlegung auf eine Normalstation stand, genauer gesagt, sich inzwischen schon fast lässig in seinem Bett räkelte. Mehmed war gerettet. Ich war beruhigt. Seine Mama wirkte schon geradezu entspannt, als ich sie wieder am Tor der Intensivstation traf. Mehmeds Mama ging, sein Blutsbruder kam.

Doch damit war die ganze Geschichte ja keineswegs erledigt.

Wie passt das eigentlich zusammen? Wir präsentieren Muhammad Ali als Helden in unserer Klasse. Wie buchstabieren sich da Vor- und Nachname? Ich kriege es nicht wirklich zusammen. Einer boxt und hält seinen Hals für andere hin, damit es nicht zum großen Schlachten kommt. Und der andere schwingt sein Messer. Mehmed schlichtet und Ali schlachtet. Wie bringt Muhammad Ali das nur in seinem Namen zusammen? Wie bringt unsere Klasse das unter einen Hut? Muhammad Ali ist nicht Mehmed und Ali. Irgendwie denke ich im Moment eher: Mehmed oder Ali! Entweder du boxst und lebst nach Regeln, und du machst was Sinnvolles aus deinem Leben oder du schlägst dich ohne Regeln durchs Leben – und ein paar andere Leute gehen dabei drauf. Genau. Das ist es. Mehmed oder Ali. Das ist hier die Frage. Klare Kiste. Ich stehe auf Mehmeds Seite.

Aber was ist mit Ali? Zwei Tage nichts gehört. Nichts hören wollen. Irgendwie musste ich diesen Nachmittag mit dem Gemetzel auch loswerden. Die Beruhigung an Mehmeds Bett. Das Eis mit Fatimah und Olga war natürlich gut gewesen. Mehr als gut. Der Abend mit Opa. Doch Ali läuft ja noch frei herum. Aber wer läuft nicht alles frei herum? Betrüger im Nadelstreifenanzug machen weiter. Der Typ, der zwischen Spanien und Deutschland das Geld für die Anschläge vom 11. September mit ziemlicher Sicherheit besorgt hat, dieser Deutschsyrer, läuft noch frei herum, wie ein ehrenwerter Kaufmann, dieser Gangster. Jedenfalls, als der Spiegel seine DVD gemacht hat, die wir beim Lessing geguckt haben. Die Folterer von der CIA laufen noch frei herum, auch wenn sie Leute in Guantanamo oder irgendwo in Polen gequält haben. Die Geldgeber aus den Emiraten laufen noch herum. Die Leute in Amerika, die von den Anschlagplänen vorher wussten und an der Geschichte womöglich mitgestrickt haben, laufen noch herum. Es laufen so viele noch frei herum. Und Ali?

Lessing machte es am Montag spannend.

„Ich habe euch einen Zeitungsartikel vom Wochenende mitgebracht. Aus unserem Regionalteil. Besser – eine Notiz. `Am Freitagnachmittag kam es im Bereich des Nordbahnhofs zu einer offenen Straßenschlacht zwischen Jugendlichen überwiegend ausländischer Herkunft. Dabei wurde einer der Beteiligten schwer verletzt. Der Messerstecher und mutmaßliche Täter wurde am nächsten Tag festgenommen. Es handelt sich um einen jungen Erwachsenen aus dem Nahen Osten."

Offensichtlich wusste kaum jemand aus unserer Klasse wirklich Bescheid. Und ich hatte keine Lust gehabt, vor dem Unterricht den Nachrichtensprecher zu spielen.

„Ihr wisst, um wen es geht?", fragte Lessing in seine, in unsere Klasse hinein.

„Mehmed soll im Krankenhaus sein, habe ich gehört", reagierte Mario wieder einmal als Schnellster.

„Das ist ja die Unverschämtheit an diesen Sätzen", hängte ich mich an. „Einer der `Beteiligten'! Mehmed ist dazwischen gegangen. Das klingt so, als wenn er bei der Schlägerei voll dabei gewesen wäre. War er aber nicht."

„Jens", sprach unser unumstrittener Klassenboss mich an. „Du weißt mehr. Ich habe von unserem Direx einen Anruf bekommen. Die Polizei hat sich bei ihm gemeldet."

„Weil Mehmed stirbt?", fragte Pascal in die für viele unübersichtliche Situation hinein.

„Nein. Ihm geht es besser. Erzähl mal, Jens."

Ich ließ natürlich die Einzelheiten weg. Erklärte erst, dass Mehmed jetzt wohl schon wieder auf einer Normalstation sein müsste. Wollte auch nicht wirklich von meinem Scheiß-Gefühl erzählen, als ich Mehmed da in meinen Armen liegen hatte und dachte, jetzt stirbt er hier weg, und ich kann nichts machen, und die lassen mich aber machen, als könnte ich etwas machen. Ich versuchte, die Schlacht in Mehmeds Stadtteil zu schildern. Aber um einen Beteiligten konnte ich schließlich nicht herumreden.

„Und dann hörte ich schon den Polizeiwagen hinter mir. Die standen zum großen Kampf aufgebaut. Der ohne Messer war ein Boxer, den ich kenne, der andere..."

„Du kannst es sagen, Jens", entlastete mich Lessing und fuhr fort:

„Der andere war Ali. Unser Ali. Er hat Mehmed mit seinem Messer angegriffen und fast abgestochen mit seinem Hieb. Jens hat Mehmed dann versorgt, ist bei ihm geblieben, bis der Notarzt ihn abgeholt hat. Ja, Ali war der Täter. Egal, was davor passiert ist. Ali hätte fast seinen Klassenkameraden getötet. Der Täter wurde am nächsten Tag festgenommen. Der mutmaßliche Täter. Aber da wird es nicht viel Diskussion geben."

Das Murmeln in der Klasse spiegelte die echte Verunsicherung in unserem Laden wider.

„Zuerst: Wer geht heute Nachmittag mit Jens ins Krankenhaus? Zu viele sollten das nicht sein. Mehmed braucht noch Ruhe."

Toll, dass sich etliche meldeten. Dass Lessing uns stressfrei einteilte und vorschlug, dass am nächsten Tag doch auch wieder zwei kommen könnten und eine geeignete Karte nicht vergessen sollten.

„Und eins würde ich sagen. Eigentlich wäre am Freitag unser großer Tag. Dann sollte ja in der siebten und achten die Siegerehrung in der Aula sein. Da unsere Klasse ohne Frage der Motor der Veranstaltung war, sollten wir das nun ausfallen lassen. Das können wir jetzt nicht mehr machen. Das geht nicht."

Einige nickten.

„Aber Mehmed ist doch nicht tot", gab Mario zu bedenken.

„Mehmed lebt doch. Und ist der nicht selbst ein Vorbild?"

„Und Ali?" Entgegnete Lessing und fühlte sich offensichtlich verantwortlich oder mitverantwortlich für seinen Schüler, der sich da als Messerstecher betätigt hatte. „Der ist doch aus unserer Klasse. Das können wir doch nicht vergessen!"

„Aber Herr Lessing! Das wäre doch Sippenhaft. Wenn wir jetzt nicht mehr mitmachen. Den Wettbewerb abbrechen. Dann gewinnt doch Ali. Dann sagen die anderen Klassen, von uns und vom Scholl: `Die dürfen jetzt nicht mehr´. Die haben einen bescheuerten Typen, einen Messerstecher ohne Sinn und Verstand in ihrer Klasse. Die müssen jetzt den Mund halten. Mehmed hat nicht den Mund gehalten. Der hat sogar seinen Hals hingehalten. Finde ich."

Und das fand ich auch.

Lessing dachte nach. Niemand traute sich, allzu schnell in diese Denkpause einzudringen.

„Du hast Recht. Wenn wir jetzt abbrechen. Dann überlassen wir der Gewalt das Feld. Übrigens: Wer von euch kennt Ali näher?"

Niemand gab sich da als Bekannter zu erkennen, auch nicht Yildiz, der neben ihm saß.

„Dann werde ich da nachhaken bei der Polizei, oder beim Gefängnis."

„Herr Lessing, wie sind dann die Spielregeln für Freitag?", wollte Pascal wissen. So versuchten wir, schnell umzuschalten, von der Messerstecherei auf das Treppchen am Freitag.

„Der Kandidat oder die Kandidatin muss auf Folie oder per PowerPoint-Präsentation und durch einen Kurzvortrag vorgestellt werden. Ein nur mündlicher Vorschlag wird nicht mehr akzeptiert. Vier Schülerinnen oder Schüler, die nicht zu den am Wettbewerb beteiligten Klassen gehören, zwei vom Scholl und zwei von uns, und drei beteiligte Lehrkräfte sind die Jury. Der ganze Rahmen muss noch entstehen. Auch das macht die ganze Geschichte knapp. Aber wenn es bei Mehmed noch schlechter wird..."

„Herr Lessing. Der ist zäh wie türkisches Leder. Da wird nichts schlechter. Und vergessen Sie nicht: Mehmed hat einen Vorschlag gemacht. Das bleibt doch auch unser Vorschlag - Muhammad Ali. Und zwei Mädels von unserer Schule werden uns bestimmt was zu Sophie Scholl erklären. Das müssen wir schaffen. Vor allem Ali muss auf das Treppchen."

Beim letzten Satz merkte ich wieder, wie schwer mir dieser Name über die Lippen kommt. Ali und Ali. Das reimt sich gar nicht.

Pause. Ich muss sie sehen. Endlich mal alleine sprechen. Da sind die Hauswirtschaftsleute. Etliche von ihren Klassenkameradinnen. Ein paar Jungs haben die auch dabei. Aber keine Fatimah.

„Ich suche..."

Ihre Freundin ließ mich den Satz nicht zu Ende sprechen.

„Fatimah ist oben. In Küche. Muss aufpassen. Auf Kuchen. Sagt Frau Becker. Oben."

„Ich weiß, im ersten Stock."

Ich rannte, so schnell es ging, ohne aber gleich durch zu ungestüme Bewegungen als Flüchtling oder als Verliebter angesehen zu werden.

Warte…, Klassenraum, Klassenraum. Hier ist zu. Da! Küche.

Ich öffnete die Tür. Leider stand die Becker gleich neben ihr. Aber wieso eigentlich nicht? Was habe ich zu verbergen?

„Hallo Fatimah. Du weißt ja. Der Wettbewerb."

„Hallo, Metallmann."

„Na, das ist ja eine Begrüßung. Und mich sieht keiner." War ihre Lehrerin jetzt wirklich enttäuscht oder dachte die, da läuft was Ernstes zwischen uns?

„Guten Tag, Frau..."

„Becker heiße ich. Wir müssen gerade den Topfkuchen rausholen. Der ist jetzt genau richtig."

„Ich wollte auch nur Fatimahs Telefonnummer."

„Na, das ist aber eine starke Sache. So fängt das an. Nur die Telefonnummer?"

Ich denke, ein bisschen rot wurde ich schon bei dieser forschen Ansprache.

„Wir haben am Freitag unsere Siegerehrung beim Heldenwettbewerb."

„Ja, ich weiß, Fatimahs Klasse ist dabei, mit Herrn Abraham. Ich habe schon versucht, ein paar Starköche ins Spiel zu bringen. Aber die wollt ihr ja nicht."

„Fatimah. Wir müssen noch die Figuren vorbereiten. Das Scholl lädt uns für Mittwoch ein. Die Theater AG öffnet ihren Materialraum. Wir wollen basteln für Ali und Sophie."

„Bin ich dabei. Wenn meine Mama..."

Wieder schossen mir tausend Familienkonstellationen durch den Kopf im Hause Fatimah.

„Deine Mama ist krank?"

„Nein, sie arbeitet nachmittags ein paar Stunden. Dann muss ich zu Hause sein. Für meine Schwester."

„Und dein Vater ist noch bei der Arbeit?"

Fatimah schwieg. Drehte sich zu Frau Becker:

„Darf ich einen Stift holen?"

Die Becker nickte. Fatimah suchte auf dem langen Arbeitstresen des Küchenraumes, fand Stift und Zettel, bis wir uns entgegenkamen, ein paar Meter von ihrer Lehrerin entfernt.

„Es war gut am Freitag. Es war schön mit dir. Ja, auch mit Sophie. Aber vor allem..."

„Die drei Ausrufezeichen. Das war gut."

Sie schrieb ihre sechsstellige Nummer auf den Zettel, der ein paar schmierige Fettspuren nicht verleugnen konnte.

„Die vom Scholl wollen das ab fünf machen. Geht das bei dir? Wegen deiner family und so?"

„Fatimah wird einen Weg wissen. Mein Honigjunge."

Was war das nun wieder? Veräppelt sie mich? Lässt sie mich zappeln? Spielt sie mit mir ein Spiel wie mit einem vorsichtigen Jungen und da gibt es längst einen, der nicht so langsam ist und sie längst für sich gewonnen hat? Oder ist das mehr? Honigjunge.

Vielleicht war es der neugierige Blick, die Körperhaltung von Frau Becker, das ungeduldige Klappern der Bleche, ihre vielleicht ziemlich weit und neugierig aufgestellten Ohren – wir beendeten unser Gespräch lieber.

„Übrigens, Fatimah. Ali ist gefasst. Lessing hat sogar die Zeitung mitgebracht."

„Dann muss er gehen. Zurück in sein Land.“ Bei diesen Worten senkte sie ihren Kopf, als hätte sie da gerade Mitleid mit einem Typen, über den sie ja selbst deutliche Witze machen kann. Was sagte sie Freitag? Dumme Jungs mit dummen Fäusten und dummen Sätzen oder so ähnlich, die braucht und will sie nicht.

„Ich muss los. Bis Mittwoch. Und danke, Frau Becker. Der Kuchen riecht gut. Ich bin wohl in der falschen Klasse. Metall duftet und schmeckt einfach nicht.“

Ich eilte zurück in meinen Trakt. Honigjunge. Und warum nenne ich sie nicht Honigmädchen? Honey klingt so nach Abba, nach fünfunddreißig Jahren her oder alten Herren mit Bauch. Sie hat eine Mutter. Wohl eine kleine Schwester. Keinen Vater oder einen schrecklichen Vater? Da schwieg sie. Hat sie da gerade gedacht, wenn das ihr Vater wüsste, dass seine Tochter da mit einem christlichen, ungläubigen oder schäbigen Bleichgesicht spricht und lacht und sich verabredet? Ist doch nur für Lessing - würde ich ihrem Papa sagen. Ist nur für die Schule. Ist nur Arbeit. Ist nur unser Auftrag. Aber ihre Tochter ist sehr schlau. Quatsch. Bin ich denn der Zensurenverteiler oder was. Klingt so von oben. `Sie sind zwar aus Marokko, aber Ihre Tochter ist gar nicht so doof´. Mist, das klingt wie dieses herablassende Zeug, das die Scholl-Leute da an der Tür über die `Kosmetik-Tussen´ rausgelassen haben. Jens, so nicht. Fatimah ist einfach super. Aber wie würde ich mit ihrem Vater reden? Ribery soll ja Moslem geworden sein, damit er von seinem Schwiegervater die Tochter zur Frau bekommt. Oh Schreck, Jens. Ne, das wäre wohl nicht dein Weg. Jens, denk nicht so viel. Honigjunge. Spielkind. Vielleicht meint sie das. Ich bin nur ein Spielkind. Sie findet das schön zwischen uns. Aber mehr als Kinderspiel kann das nie werden. Und Spielchen waren das schon mit Jenny genug.

Mehmed war auf der Inneren. Einer normalen Station. Es ging weiter bergauf.

„Ich werde diese Woche nach Hause kommen."

„Das ist gut, Mehmed. Waren die anderen auch schon da?"

„Richtig gut. Da waren schon Leute da, die ich wenig kenne. Schön. Besser als zu meiner Totenfeier."

„Ali ist verhaftet. Weißt du das schon?"

„Mehmed weiß. Jetzt kommt er raus aus Deutschland oder ins Gefängnis. Ist dummer Ali. Schande für Allah."

„Aber Freitag ist das Finale. Bei unseren Helden. Wir werden für Ali kämpfen."

„Und siegen."

„Wir werden ein Foto für dich machen, von dem Siegertreppchen."

„Was heißt hier Foto, Bruder. Ich komme."

Wahrscheinlich war mir bei diesem Statement doch die Kinnlade abgerutscht. Jedenfalls fehlte mir eine gute und schnelle Antwort.

„Ich komme. Sicher. Keiner hat ein Handtuch geworfen. Mehmed kommt."

„Wenn du meinst. Und wenn nicht..."

„Schweig, Bruder. Ich komme. Will den großen Ali oben sehen."

Wir gaben uns die Rechte zum Einschlagen. Ali hinterließ bei mir eine Mischung aus Erleichterung und Staunen. Mehmed lässt sich nicht einschüchtern und gesundet von Tag zu Tag. Hoffentlich aber überschätzt er sich nicht.

Der Dienstag brachte einen vollen Arbeitstag. Einen Meister, der meinte, vor der Zwischenprüfung würde ein satter Anschiss bestimmt nicht schaden. Zwei Überstunden musste ich machen. Und noch eine Fahrstunde hinterher.

Um neun erwische ich Bassie telefonisch. Der vermittelt mir einen Typ von den Scholl-Theater-Leuten. Frage nach dem Umfang ihrer Requisitenkammer. Der hält mich erst für einen Lehrer. Wird dann etwas lässiger, als ich ihm so ein paar Fragen stelle. Ob es da vielleicht Schaufensterpuppen oder Trikots, Frauenkleidung in kleinen Größen und noch ein paar andere Sachen geben würde. Ich solle Mittwoch kommen. Wir würden schon was Passendes finden oder arrangieren.

Mittwoch, kurz vor fünf. Ob sie wirklich kommt? Ob sie weiß, wo die Schollis ihre Theater-Ecke haben? Ob da mehr kommen als Fatimah und ich, ach ja, und der Typ am Telefon gestern? Und wenn sie keinen Aufpasser für ihre Schwester gefunden hat? Oder wenn ihr Vater Wind von der Sache bekommen hat? Wovon denn Wind? Einbildung ist auch eine Bildung! Wenn zwei Menschen auf eine Berufsschule gehen und ein paar Sätze gewechselt haben und sich vielleicht ganz nett finden, was soll da dran sein?

Oh. Da sind ja schon ein paar Leute vom Scholl. Die wühlen schon in ihren Kisten. Gucken nicht mal hoch. He. Da kommt wer. Da ist sie, mit Olga. Auch nicht schlecht. Hauptsache, ich sehe sie.

„Hallo Olga.“

„Hallo Jens“, gab Olga zurück.

„Und ich?“

Na, wenn das keine Vorlage und Einladung war. Fast schien es, als wenn Fati bei diesen zwei fragenden Wörtern ihren süßen Busen noch ein Stück höher in die hier eher muffige Luft des Scholl gereckt hätte.

„Hallo, mein Honigmädchen.“

„Hallo, Du Honigjunge.“

„*Dein* Honigjunge?“ Setzte und fragte ich nach.

„Ich habe jedenfalls gesagt: mein Honigmädchen.“

„Genau. Seit wann bin ich dein Mädchen?"

„Für mich bist du schon ein paar Wochen mein Mädchen. Du bist in meinem Herzen."

Oh Schreck. Jetzt muss ich geklungen haben wie die abgeleckten Nachwuchsprinzen am Sonntagabend, wenn Mama die Rosamunde-Pilcher-Filme guckt und du Schmalzauffangschalen unter den Fernseher stellen musst. Jens. Reiß dich zusammen. Du versaust noch alles, Jens.

Olga erfasste die Lage.

„Wir sind hier für Ali. Muhammad Ali und für meine Sophie. Vergesst das nicht. Das ist unser Thema."

Dabei guckte sie uns beide erstaunlich eindringlich an.

„Olga hat Recht. Metallmann stellt uns gleich vor."

Ich ging zu den Leuten vom Scholl.

„Hallo, ihr erinnert euch vielleicht. Wir kommen, weil wir mit euch diesen Wettbewerb vorbereiten wollen. Wir sind..."

Da erst entdeckte ich den kleinen Typen, den ich vom gemeinsamen Treffen kannte und der die Scholl vielleicht wieder aus seiner Schulgeschichte ausgraben wollte.

„Ihr seid: Die Frau, die sich nicht unterdrücken lassen will. Die mit der tollen Oma aus Russland und der Kumpel von Mohamed Ali."

„Guter Kopf." Erwiderte Fatimah und stellte sich noch einmal vor. Olga tat das Ihrige. Die Jungs vom Scholl waren freundlich. Ich gab meinen Namen und Senf dazu, und die Sache konnte starten.

„Wie geht das jetzt eigentlich? Es ist ja noch keine Entscheidung gefallen. Guck mal hier!"

Mit diesem Satz streifte der Scholli sich ein reichlich altertümlich wirkendes blaues Jackette über, setzte sich ein weißes Käppi mit Frontschirm auf und textete:

„Gestatten. Chesley Sullenberger. Habe soeben zur Landung auf dem Hudson angesetzt. Erfolgreich im Wasser aufgesetzt. Passagiere in herbeigekommene Auffangboote abgesetzt. Fühle mich als Held in diesem Moment eingesetzt. Auch zu Diensten in Deutschland bei Lufthansa oder Air Berlin bei Bedarf bereit. Gestatten. Ihr Heldenkandidat."

Der Amateur-Theater-Pilot hatte unsere Lacher auf seiner Seite. Ohne Zögern griff Fatimah sich eine der schrägsten, in diesem Falle rosafarbenen Karnevalsperücken aus der Kiste, schaute sich lässig um, griff zu einem seitlich stehenden Besen. Stellte sich den Stiel schräg nach rechts oben in die Luft, warf ihren Kopf in den Nacken und hauchte ihre ganz eigene Karaoke in das nicht vorhandene Mikrofon:

„Dear Mister President..."

Dabei ließ sie es mit dieser Andeutung von Pink bewenden, aber hatte uns gleichfalls alle für ihren Kurzauftritt gewonnen, wobei sie mich sowieso nicht mehr beeindrucken musste. Mich hatte sie längst!

Dann nahm sich der engagierte Kleine vom Scholl das Wort.

„Ist doch klar. Wenn du", dabei schaute er zu Fatimah herüber, die sich gerade von ihrer geilen Kunsthaarbedeckung befreite, „wenn du schon für jemand anderen eintrittst, kannst du nicht für Pink stimmen. Wir müssen die Sache steuern."

„Also, der Junge, der Türke", schaltete ich mich ein. „Der Klassenkamerad, eigentlich jetzt auch schon ein bisschen Freund von mir. Der Mehmed. Der kann Freitag nicht kommen. Will er zwar. Der ist im Krankenhaus, kommt heute raus oder morgen früh. Der war schwer verletzt."

„Der war das?" Zeigte sich einer der Schollis ein wenig erschrocken. „War bei einer Messerstecherei dabei, oder so, stand in der Zeitung. Ich hatte nur gehört, dass da von Euch Leute dabei waren. Ich meine ja nur..."

„Mehmed wollte dazwischen gehen. Es geht ihm jetzt besser. Am liebsten wäre er Freitag dabei. Mehmed kann den Ali nicht mehr vorschlagen. Also könnte ich Unterstützung brauchen."

Zwei von den Schollis nickten.

„Und ich brauche Hilfe für Sophie Scholl."

Olga schaute sich fragend um.

Der Kleine nahm wieder das Wort an sich.

„Das mache ich. Ist doch eine gute Idee. Ali ist ein Mann. Sophie Scholl eine Frau. Und wir müssen die an unserer Schule wieder bekannt machen. Wisst ihr. Wir haben Schulen mit den Namen von wirklich starken Leuten und vergessen die. Irgendwann gibt es dann die Dieter-Bohlen-Schule und das Oliver-Pocher-Gymnasium, weil uns jenseits von Sunshine-Oldies und Flach-Comedians der Stoff ausgegangen ist. Die Scholl ist für die Freiheit bereit gewesen zu sterben. Die hat nicht sich als Waffe gegen andere eingesetzt, die hat sich für andere eingesetzt. Außerdem hieß deine geniale Oma doch auch Sophie, oder? Sophie heißt doch die Weise, oder? Ein weiser alter Mann und eine weise junge Frau. Das hat doch was."

Das roch nach einer erstaunlichen Harmonie zwischen Scholl und unserer werten Lehranstalt. Das klang nach unerwarteter Einigkeit zwischen Geist und Metall, Hauswirtschaft und Gymnasium. Es wehte fast ein bisschen unheimlich viel Friede zwischen uns durch die Theaterbutze.

„Dann brauchen wir eine Kurzhaarperücke für Sophie", blickte Olga nach vorne. „Die kenne ich von Euren Bildern."

„Und ein paar Frauenklamotten finden wir hier auch. Eine Schaufensterpuppe haben wir ja. Die tragen wir Freitag zu Euch rüber."

Das ergänzte einer von den Schollis, der sich als Markus vorgestellt hatte.

„Bleibt das Problem mit Ali", merkte ich an.

„Also den Box-Dress mit allem Drum und Dran könnte ich über den Box-Stall Nord besorgen. Wo Mehmed auch boxt. Ausleihen natürlich. Aber den Ali? Da kannst du noch nicht so ein Püppchen nehmen wie für die Scholl. Das wirkt doch gar nicht. Ali wollte immer wirken. Bei den Gegnern. Und auch bei seinen Aussprüchen nach dem 11. September. Da muss Kontrast rein."

„Ich jobbe zwei Mal abends an einer Tankstelle", meldete sich der Kleine, den ich doch besser bei seinem Namen Tommy nennen sollte.

„Das könnte wirken", schob Tommy nach. „Neben unserer Einfahrt steht ein Michelin-Mann."

Fatimah und Olga schauten ziemlich fragend. Mir blieb der Sinn zunächst auch verborgen.

„Ja, dieses graue, runde Männchen, das so ein bisschen nach schwabbeligen Fett-Ringen aussieht. Das soll ja an die Autoreifen erinnern."

„Aber Ali war doch muskulös in seiner Boxerzeit."

„Mensch, das soll doch ein bisschen kunstvoll und lustig sein. Show gehört zum Geschäft. Auch zum guten Geschäft. Stell dir diesen Schwabbelmann vor. Wie heißt du noch mal. Ja, Jens. Jens bringt ein paar Boxsachen mit. Wir ziehen die über. Auf die Füße guckst du besser nicht. Und vor das Gesicht hängst du das Gesicht von Alt-Ali. Das Ausdrucken werden wir wohl schaffen. Passt!"

Mit den letzten Sätzen klopfte er sich mehr oder weniger selbst auf die Schulter. Nicht ganz zu unrecht. Prima Idee. Muss der Rest der Belegschaft am Freitag aber noch abnicken.

„Diese Treppe hat immer drei Plätze. Wir haben nur zwei. Sophie und Ali. Was ist mit der dritten Stufe?"

Olga unterstrich wieder mal ihre Konsequenz.

„Die anderen Jungen und Girls wollen auch Arbeit", befand Fatimah.

„Findet der Honigjunge auch."

Mir schien, dass außer Olga niemand etwas damit anfangen konnte, aber das musste mich ja nicht bremsen.

„Wenn wir alle drei Plätze und Figuren vorbereitet haben. Dann denken die anderen, wir haben das mit den Lessings und Schmidts und Abrahams abgekartet. Die meinen dann, das läuft nicht fair. Unsere Figuren. Der Brecher und das Püppchen. Ali und Sophie sind nur unsere Vorschläge. Wenn auch gute. Lassen wir die letzte Stufe lieber frei. Frei für anybody. Für die oder den, der noch kommt."

Wir sortierten die für Sophies Ausstattung sinnvollen Kleidungsstücke in eine große Einkaufstasche. Wir vereinbarten ein paar Transportfragen und einen Treff deutlich vor der siebten Stunde.

„Und ich muss zum Bus. Ciao euch."

Und wieder war sie verschwunden. Meine Fatimah. Meine Fatimah? Immerhin habe ich seit Montag ihre Telefonnummer. Und der kleine Pink-Auftritt war wieder ein unübersehbarer und unüberhörbarer und schöner Grund, sie wieder anzurufen. Ich freue mich auf Übermorgen. Okay, auch auf die Aktion. Aber am meisten leuchtet Übermorgen für mich, wenn ich an den Moment denke, wenn sie wieder in die Aula kommt. Mein Honigmädchen. Mein Honigmädchen? Träum weiter, Jens. Aber warum nicht träumen?

Freitagmittag. Alle acht Leute vom großen Requisite-Treffen waren pünktlich da. Fatimah süß wie immer mit einer winzigen Blume im Haar und einem tollen grünen Hemd. Die Schollis hatten tatsächlich ihre Michelin-Figur angeschleppt. Ossies älteste Boxerkleidung ließ sich mit einiger Mühe dem grauen Schwabbel- und Muckimann überstreifen. Die Boxhandschuhe hängten wir ihm nur um den üppigen Hals. Tommy klebte dem Brecher so ein Druckbild vom alten Ali vor den Kopf, das zwar eine Ahnung von Krankheit und Einschränkung und grauen Altershaaren, aber auch von großer Würde vermittelte. Sophie Scholl wirkte dagegen wie die Ausgeburt der Bravheit und Normalität, sah man von ihren spindeldürren Schaufensterpuppenwaden ab. Wir waren vorbereitet. Die Gestalter hatten seitlich ein paar Promi-Bilder aufgehängt, ihre letzten Wettbewerbsflyer in der Aula postiert und die Mikrofone vorbereitet.

Alle liefen sie auf. Die Klassen vom Scholl und unsere Holz-, Gestaltungs-, Elektro-, Metall- und natürlich Hauswirtschaftsleute. Lessing schien einen echten Smoking angezogen zu haben. Selbst Abrahams Ausstattung übertraf den Charme seiner sonstigen Karo-Pullis. Der Direktor gab sich die Ehre.

Mario hatte den Fotoapparat schon im Anschlag, um Mehmed später einen Eindruck von diesem seltsamen Wettbewerb vermitteln zu können, da betrat genau der die entscheidungsbereite Aula. Mehmed ging in behutsamem Tempo durch die Aulamitte auf die Bühne zu, da hatten ihn die ersten entdeckt, sich die nächsten in seine Richtung gedreht, schließlich auch die letzten erfasst, dass da der reinkommt, der erstens neulich den großen Ali so schwungvoll angepriesen hatte, zweitens neulich seinen eigenen Mut bewiesen und drittens den Angriff des kleinen Ali Gott sei Dank überlebt hatte. Ein Beifall setzte ein, der sich noch nicht einmal legte, als Mehmed längst Platz genommen hatte, neben mir.

Die Reden begannen. Der Schulleiter gab seine anfängliche Verunsicherung zu, was das wohl für eine Veranstaltung werden sollte. Er habe gehört, an seiner und der Nachbarschule hätten elf Klassen sehr unterschiedlich, aber ideenreich und engagiert in den Fächern Deutsch, Gesellschaftslehre und Religion über Helden oder Heldinnen von heute gesprochen. Er sei auf die heutige Ehrung der Würdigsten gespannt.

Lessing zählte die Kandidaten auf. Schmidt assistierte ihm bei der Einblendung der übrig gebliebenen Kandidatinnen und Kandidaten. Sechs Kurzvorträge schlossen sich an. Mehmed und ich hoben wieder die Vorzüge von Ali hervor. Olga bekam von einem Scholl-Schüler gute Unterstützung für ihre Sophie. Als wir aber für Ali unseren ausstaffierten Mann von der Tankstelle hinter dem Vorhang wegholten und mitten auf die Bühne stellten, so ziemlich zeitgleich mit Mehmeds Satz: `Ali ist zwischen Bush und Bin Laden gegangen. Ali sagt uns, dass Frieden sein muss zwischen den Religionen und Menschen.´ Da war die Sache für den großen Boxer entschieden. Als Fatimah mit ihrer Freundin das Sophie-Püppchen auf die Bühne stellte, während Olga endete: `Frauen wissen, wie wichtig Freiheit ist. Auch kleine Frauen können stark sein.´ Da stimmten Präsentation und Stimmung auch für die Scholl.

Die anderen Kandidaten endeten bei der Auszählung mit weitem Abstand auf den Plätzen drei bis sechs. Lessing ergriff das Wort:

„Die Jury hat sich während der letzten musikalischen Klänge die Auszählung der Stimmen und die Bewertung der Ergebnisse, zumal es für so einen Wettbewerb ja gar kein Reglement gibt, nicht leicht gemacht. Über Gold, Silber und Bronze wollen wir heute nicht sprechen. Es soll drei Plätze auf der Treppe geben. Natürlich. Wie sich das gehört. Aber Muhammad Ali und Sophie Scholl liegen deutlich vor den anderen. So möchte die Jury folgenden Vorschlag machen. Auch wir haben uns vor diesem Tag Gedanken gemacht. Wir haben gehört von mutigen Flugkapitänen oder mutigen Omas. Es wurden auch vorbildliche Opas oder Nachbarinnen genannt. Heldinnen und Helden, über die meist niemand berichtet. Aber wir haben auch euch gesehen. Wieso suchen wir nur Helden? Wir können selbst welche werden. Ihr könnt welche werden."

Bei diesen Worten blickte Lessing geradezu übertrieben zu Mehmed und mir herüber.

„Wieso sollten wir selbst nicht etwas Wichtiges und Richtiges tun? Was nutzt uns der ständige Blick auf Prominente? Auf scheinbar Unerreichbare? An vielen Orten der Welt stehen Denkmäler für den unbekannten Soldaten. Warum sollten wir nicht ein Denkmal für den unbekannten Helden oder die unbekannte Heldin aufstellen? Frauen pflegen einen Angehörigen. Oder Männer riskieren im Rettungsdienst ihre Gesundheit. Leute engagieren sich ehrenamtlich für Nachhilfe oder die Ärmsten der Welt. Und es gibt keine Zeitungsgeschichte über sie. Dabei gibt es viele unbekannte Heldinnen und Helden. Wir übersehen sie nur so oft."

Lessing stoppte seine Rede. Stellte einen Kartenständer auf die Bühne. An dem baumelte ein Anzug, das Oberteil mit einem wuchtigen Kleiderbügel aufgepeppt. Vor dem Anzug baumelte, wo sonst eine Krawatte zu sehen sein könnte, ein papiernes Fragezeichen. Immerhin. Die Lehrkräfte hatten sich auch ein paar Gedanken gemacht, unseren Ideen nicht ganz unähnlich. Und der Vorschlag überzeugte. Ein Applaus bestätigte den Jury-Vorschlag. Die Gestalter rückten die Figuren zusammen. Der ausgezogene Kartenständer mit Anzug und Fragezeichen in der Bühnenmitte überragte Ali auf der linken und Sophie auf seiner rechten Seite.

Lessing erhielt Blumen. Die Gestalter spielten die Queens mit \`We are the Champions´ ein. Die Schule spendierte Orangensaft, traute sich nicht, für die Heldinnen und Helden unserer Tage einen Sekt auszuschenken.

Aber wir trauten uns. Wir setzten uns in die erste Reihe und ließen das Bild noch auf uns wirken. Der Ali und die Scholl. Ein schwarzer und grauer Brecher und ein fast zartes Püppchen. Ein Moslem und eine Christin. Ein alter Mann und eine junge Frau.

Beide gehören auf die Treppe der Heldenhaften. Und wem der heldenhafte Anzug sonst noch passt. Und wir stecken mittendrin. Und mein Honigmädchen hat mir einen richtigen Kuss auf die rechte Wange gegeben. Einfach so. Wirklich nur einfach so?